La vie sans fondement

Du même auteur

Orelsan, dictionnaire critique, JC Lattès / La Grenade, 2023
Damso, dictionnaire critique, Librinova, 2022

Nicolas Krastev-McKinnon

La vie sans fondement

récit

Philippe Rey

Nicolas Krastev-McKinnon est représenté par l'agence
Catherine Nabokov et Linwood Messina Literary Agency.

7, rue Rougemont – 75009 Paris

www.philippe-rey.fr

« Le mal qui foudroie en plein bonheur les toupies »

Raymond Roussel,
Nouvelles impressions d'Afrique

« Ce trou presque mortel et qui s'est étoilé »

Guillaume Apollinaire,
« Tristesse d'une étoile », *Calligrammes*

Pas mort. Mais presque

Salle de réveil. Rumeur des machines. Voix de femme au loin. « Il se réveille. Ça va, monsieur Krastev ? » Douleur. Tout plein de sang dans mon lit. Furieuse envie de pisser. On m'arrache la gorge. Pas de salive. Le désert s'accroît. Où est la mémoire ?

Pas mort. Mais presque. J'ouvre un œil, puis l'autre. Comment j'ai atterri ici ? Pensées qui grondent et se heurtent. Des larmes le long des joues. Pas bouger. Je me souviens : hier, j'étais à Rome. Les lumières blanches du bloc opératoire ont remplacé le soleil d'Italie. Je me souviens : je me suis encore effondré. Par infirmité, j'ai perdu ma vie.

Douleur inestimable. Je crie un peu, pour voir. Je voudrais écrire à ma mère, lui dire que je n'ai plus de force, qu'elle doit me tirer de là. « Calmez-vous, monsieur Krastev, tout va bien se passer. Donnez-lui de la morphine, vite ! » Une aiguille dans l'épaule. Le ciel n'est plus très loin. Je pars. Je n'ai jamais arrêté de partir. C'est vivre qu'il aurait fallu.

Vous voilà de ce peuple qui se meurt sans mourir

Chaque année, des milliers de personnes s'échouent dans les couloirs de l'hôpital public. C'est à l'ombre qu'elles y croupissent, combattent, espèrent et désespèrent, selon le temps qu'il fait. À l'ombre des vies actives, mobiles, frénétiques, des villes à toute vitesse, de toutes les bonnes santés ; à l'ombre d'elles-mêmes, de leur ancienne joie, disparue, annulée, perdue dans la grande nuit qui leur est tombée dessus. En pleine figure, la nuit. Sans belle étoile à prendre en chasse. Un patient parmi d'autres, parmi une infinité d'autres : c'est ce qu'on devient quand le corps se lamente. Et la terre se moque bien de nos petits tracas.

Malade, vous voilà de ce peuple qui se meurt sans mourir, avec si peu d'espoir qu'on n'en ferait pas un châle. De ce peuple hors jeu, mis sur la touche, trop ringard pour survivre. Qu'est-ce donc qui nous trahit dans ce qui nous fait vivre ?

J'ai écrit ce livre de mon lit. Pas somptueux, le lit, ni bien confortable : son seul mérite est de me supporter. C'est un petit lit bleu de l'Assistance publique, modeste comme pas deux, dont je ne suis ni le premier ni le dernier locataire. Mon cas ne fera pour lui aucune différence.

Je m'appelle Nicolas Krastev-McKinnon. « Krastev » – issu de la « croix », en russe – est le nom de mon père bulgare. Après le divorce de mes parents, « McKinnon » est venu s'ajouter à ma carte de visite. J'ai un nom bulgaro-canadien, fait de deux blocs dignes de la guerre froide. Initiales, NKM.

J'ai grandi à Paris, entouré de femmes. J'ai toujours été bon à l'école. Mes qualités sont mes défauts : je suis enthousiaste, fougueux, je tiens difficilement en place. Je pense souvent à autre chose lorsqu'on me parle. J'aime regarder les filles. Je suis gentil avec ma mère.

J'ai un physique plutôt banal, à mi-chemin du Kabyle et du Séfarade. J'ai la peau triste des plaines bulgares, le nez d'un séducteur, et des sourcils bien épais, à la Frida Kahlo. Je porte des lunettes que je hais, et des lunettes de soleil que j'adore.

Je suis un jeune homme normal, un jeune homme de vingt-cinq ans comme les autres. Je rêve de grands espaces et de départs en furie. D'un amour qui ferait claquer les portes. Et je cours après cela comme un désespéré.

Je vous dirai les choses telles qu'elles furent, telles qu'elles advinrent au fil des carrefours et des chutes. Car c'est bien ce dont il s'agit toujours : de notre vie qui s'effondre et pirouette sans qu'on y comprenne rien. Mon récit est pour les faibles, les fragiles, les éclopés, les malmenés, les pas-gâtés. Pour ceux qui n'ont pas pu monter dans le train, mais qui s'accrochent quand même au wagon. Le monde n'est pas à nous : tant pis pour lui. Ceci est mon histoire, mon lot, ma fortune.

Partie 1

J'avais perdu mon fondement

« Rien de plus journalier que la fortune, madame »

Tout a commencé par un départ. Qu'est-ce qui ne commence pas par un départ ?

Au printemps de l'année 2020, alors que j'étais encore étudiant, et que ma jeunesse se passait sans trop d'embarras, je m'étais d'abord réjoui des annonces du Président : toutes les institutions scolaires – universités comprises – fermeraient leurs portes. Le temps de l'école buissonnière était enfin venu. Les choses allèrent malheureusement bien plus loin. Quelques jours plus tard, d'insistantes rumeurs traversaient la France. Chacun pensait détenir une petite exclusivité, affirmant connaître, sourire au bord des lèvres, tel ou tel proche du gouvernement. Dans la bouche de ces papotins, une tendance claire se dessinait : le confinement approchait à grands pas. Et le monde entier de se murer derrière une foule de barrières, complètement pris de vitesse par la déferlante d'un virus inconnu. Panique à bord. Nous refusant catégoriquement à risquer le cloître, mes trois colocataires et moi avons pris la fuite. Masqués jusqu'aux oreilles, les bras pleins de provisions sèches et du désormais célèbre papier toilette – dont on craignait de manquer –, nous avons embarqué à bord du premier train pour Marseille, où Édouard avait une petite maison de famille, pensant que ce serait là toujours mieux que notre mansarde d'étudiants.

Nous avons laissé Paris derrière nous, dans la fureur des portes qu'on ferme, et lancés vers un avenir dont nous ignorions tout.

Alors, pendant plusieurs semaines, loin du monde et de ses bruits, de l'angoisse Corona et de la réalité glaciale, je goûtai à un exil privilégié. Chaque soir, les sirènes des bateaux résonnaient dans le port en hommage à ceux qui se battaient, nous rappelant que le pays était au supplice et notre retraite un leurre. Nous nous étions jetés hors de l'Histoire, et cela nous convenait. Jusqu'à ce jour, je n'avais connu que le goudron et la grisaille des mégapoles : malgré le confinement, l'abondante tranquillité du Sud fut un vrai miracle. C'est que j'étais devenu, là-bas, un fils du soleil, de la lecture et des attestations provisoires de sortie. Quelque part, je crois que j'avais aussi trouvé du réconfort dans l'idée d'un monde arrêté, suspendu sur lui-même. La course de notre siècle prenait une petite pause, et le pouls enflammé des villes n'avait eu d'autre choix que de ralentir. Je n'étais plus obligé de courir. La nuit, mes camarades et moi avions pris l'habitude d'aller divaguer sur les routes côtières, éclairés seulement par les étoiles en délire, dans un calme que l'on n'imagine pas. J'avais alors par bouffées des crises d'enthousiasme. Je voulais lire tous les livres, connaître toutes les femmes, appartenir au monde sans la moindre réserve. J'avais pour ma personne de très belles ambitions.

J'étais pourtant à l'aube de mon plus grand malheur. Je ne le savais tout bonnement pas encore. Interrogé sur son mode de vie et sa précipitation à jouir de l'instant, Casanova – le célèbre aventurier vénitien – justifia sa fougue d'un brillant mot d'esprit : « Rien de plus journalier que la fortune, madame. » Bientôt, c'est toute ma vie qui allait en donner l'exemple, et se soumettre à cette loi d'airain : on tombe.

Je voulais voir : mes yeux étaient crevés

À douze ans, je faisais un rêve des plus étranges. C'était l'un de ces songes insistants, de ceux qui s'impriment en vous comme une chanson d'été. J'étais assis dans une salle de cinéma, complètement seul. La séance allait commencer. Soudain, une voix de femme se faisait entendre et, s'adressant à moi, me mettait face à une situation inédite : on me proposait de voir projetées là, tout de suite, sur le grand écran de ce petit lieu, des images de ma vie future ; dix années se seraient écoulées, et je saurais précisément de quoi l'avenir, mon avenir, serait fait.

Criblé par le doute et travaillé, comme tout adolescent, par une impatience monstrueuse à vivre, je ne résistai pas à cette proposition. La tentation était trop forte : je voulais savoir. Savoir ce qu'il adviendrait de moi, si j'étais un homme *fini*, plein de succès, si le monde m'avait gâté. Le pire, pensais-je alors, était d'être aveugle, d'avancer sans repères dans la grande nuit du monde. Il fallait que je sache.

Une fois ma décision validée, le silence se faisait, et la salle était plongée dans le noir. Je fixais l'écran en tremblotant, regrettant presque ma curiosité.

Alors, le drame : pas de son, pas d'image. L'écran était vide. D'un blanc immaculé, sidéral. Rien ne s'affichait. Rien, *nada*, *walou*. J'ai vite compris ce qu'il en était. Dans dix ans, je ne serais plus. Je voulais voir : mes yeux étaient crevés.

Le propos de mon songe était clair. J'avais une date de péremption précoce, comme un produit de supermarché au rabais. Ma vie serait brève, fulgurante, fracassée en avance par un *je-ne-sais-trop-quoi*. Quelqu'un ou quelque chose m'emporterait et bonsoir ! J'en étais donc certain. Je n'avais pas d'avenir.

Ce rêve m'a hanté pendant des années. À chaque péripétie, qu'elle soit heureuse ou malheureuse, je repensais à ce grand écran sans couleurs, à ce silence définitif, avec le souvenir de ma fin prochaine. C'est peut-être pour ça, d'ailleurs, que j'ai toujours eu un tel feu au derrière. Allez savoir.

Les ambitions d'un os

Quelques semaines avant le terme – maintes fois annoncé, maintes fois repoussé – de notre retraite dorée, j'ai commencé à souffrir du séant. Assis, j'éprouvais une gêne immense, radicale, d'un ordre encore inconnu. Les premiers jours, en petit médecin autoproclamé, j'ai tablé sur un inconfort passager qui devait disparaître sous peu. Mais tout alla de mal en pis, et la douleur persista. Pire, elle devint de plus en plus fine, de plus en plus pernicieuse, envahissant mon quotidien. On n'arrête pas le progrès. On n'arrêtait pas non plus ma douleur.

« Mettez de la glace, reposez-vous, ce n'est *sûrement* rien », m'avait dit un médecin consulté au téléphone, alors que s'ouvrait le bal des visioconférences et autres téléréunions. J'avais l'air finaud, moi, avec ma poche de glaçons aux fesses. Tandis que rien ne s'améliorait, le doute s'installait. Qui était là, en moi, à me faire souffrir ? D'un coup, ma nature profonde venait de se réveiller, et de balayer toutes mes certitudes. Il faut dire que j'avais à la panique une certaine disposition génétique. Mon père, fort superstitieux, avait de tout temps vu dans le présent l'ombre des catastrophes : il craignait la pluie, les chutes, les accidents, fantasmait un drame à chaque coin de rue, et avait fait du pessimisme une petite religion. Ma mère, elle, avait aussi toujours carburé à l'angoisse. Elle vivait dans la peur, paniquée par décharges, et ayant choisi l'effroi comme plus précieux moteur. Pour un héritage, on repassera ! Mais voilà que je marchais dans les pas de mes géniteurs, creusé chaque jour par l'inquiétude, pressentant dans ma chair une grande défaite.

De retour à Paris, malgré les joies du déconfinement, je n'avais qu'une idée en tête : trouver l'origine du mal. En attendant, il avait fallu s'adapter. Au quotidien, je ne m'asseyais plus, vivant continuellement debout, sauf lors des rares occasions où la situation exigeait une assise virile et valide. En rendez-vous amoureux, je me souviens d'avoir placé sous mon bassin un petit livre de Césaire – *Les armes miraculeuses* – pour paraître en santé et soulager ma douleur. Encore une fois, c'est la littérature qui me sauvait la mise.

Comme tout un chacun, j'avais évidemment écumé la Toile à la recherche des pathologies susceptibles de correspondre à mes symptômes. En archéologue du pire, je sentais déjà que ce n'était pas rien, ni presque rien. De site en site, j'atterris finalement sur la page Doctolib du Dr Flûte, apparemment spécialisé dans les troubles du coccyx et de la région sacrée, comme on appelle poliment l'arrière-train en médecine. Lors de notre premier rendez-vous, ce ne furent qu'auscultations, questions et questionnaires, palpations en tous genres. Avec une moue sérieuse, le Dr Flûte m'envoya dans un centre de radiographie. Et, par une belle journée de mai, le diagnostic : j'avais une « épine raide et sans mobilité » dans le coccyx, la dernière de mes vertèbres. J'étais assis sur un os. Assis sur un os qui avait poussé, et qui continuait son chemin. Un os ambitieux, qui voulait fleurir ou se tirer de là. Et si c'était à mes frais, tant pis.

Conjurer

J'ai toujours été un garçon pressé, avec l'impatience pour démon, bien chevillée au corps.

« Une malédiction veut que je sois lancé au galop dans un univers qui trottine », écrivait Paul Morand : aucune phrase ne me correspondra plus que celle-ci. Je ne connais ni le pas ni le trot. Partout, tout le temps, je cours, je me hâte. J'aime ce qui foudroie, percute, accélère, *bourrine.*

Ma précipitation n'a pas de but. Je ne me dirige vers rien de précis. Je me dépêche, voilà mon lot. Comme si ma vie, ma vraie vie, m'attendait au détour d'une rue, de la prochaine rue. J'ai toujours un train à prendre. Un train qui n'existe que dans mes rêves. *Fast-life*, *fast-food*, *fast*-à-peu-près-tout, d'ailleurs.

J'ignore la lenteur. J'envie ceux qui existent au ralenti, ceux dont les mots sortent si patiemment de leurs bouches qu'ils donnent l'impression d'avoir été fabriqués avec une argile millénaire, ceux qui se vantent d'avoir le temps, ceux qui ne vivent pas contre la montre.

Qu'est-ce donc que j'ai fui pendant ces longues années ? Ma peur. Ma peur d'être seul, de vieillir seul, de mourir seul. Ma peur de ne rien construire, d'avoir été *pour du beurre.* À dix-sept ans, alors que je voyais mes camarades entrer au compte-gouttes dans la vie sexuelle, criant sur les toits leurs exploits de la nuit, j'avais une boule noire au milieu du ventre. Il fallait que je me magne. Surtout, ne pas être le dernier des *puceaux*. C'eût été le drame.

Conjurer : voilà le fin mot de ma vie. Conjurer l'impression que je n'ai qu'un jour pour vivre. Et faire taire les voix qui m'assignent au pire.

Je suis un homme qui va vite pour ne pas tomber.

En cas d'apocalypse, je ne donnais pas cher de ma peau

Au moins, j'étais fixé. Le diagnostic m'avait rassuré sur une chose, mon mal avait une racine. Ou plutôt, était une racine. Une racine qui germait en plein cœur de mon corps. Très vite, je me renseignai sur l'histoire de l'os qui me tourmentait. Je découvris que le coccyx était ce qu'on appelle une structure vestigiale. Il n'était d'aucune utilité au bon fonctionnement du corps et certains chercheurs le considéraient comme la trace de nos anciennes queues d'*homo sapiens*. Il tenait son nom du grec « coucou », par analogie avec le bec de cet oiseau dont il partage la forme. C'était bien mignon, tout cela : mais mon coucou à moi s'était mis à chanter sans prévenir, comme un voisin qui tapage en milieu de semaine.

Au fil de mes recherches, je tombai sur d'autres informations encore plus déroutantes. Les sciences ésotériques associaient le coccyx à l'équilibre, à la terre, à notre capacité à nous sentir à l'ancre dans un monde qui tournoie. Plus qu'une simple vertèbre, le coccyx était notre pierre angulaire. C'est bien au fondement que j'étais touché, dans l'essence même de notre condition. Pire encore : dans le Coran, Mahomet, en parlant de la fin des temps, énonce la chose suivante : « L'ensemble du corps du fils d'Adam sera mangé par la terre, *sauf le coccyx*, c'est à partir de lui qu'il a été créé et c'est à partir de lui qu'il sera reconstruit. » En lisant ces lignes, vertiges et frissons. En cas d'apocalypse, je ne donnais pas cher de ma peau.

Rapidement, on me prescrivit un coussin d'assise en mousse renforcée avec, en son centre, un trou béant : cette sorte de bouée de sauvetage pour homme approximatif était censée m'aider à m'asseoir sans douleur, en attendant. Mais en attendant quoi ? Je n'en savais rien et naviguais à vue. Pourtant, docile à en mourir, j'ai attendu. Pendant des mois, je ne m'asseyais plus que sur ce maudit rehausseur, en le bringuebalant dans l'un de ces sacs de toile dont on raffole aujourd'hui. Partout où j'allais, mon coussin me suivait, et provoquait sur son passage la fougue des plaisantins : « Tu as quatre-vingt-dix ans ? », « Attention, bientôt l'Ehpad », « Une petite crise d'hémorroïdes, Krastev ? » On s'étonnait, le rire au coin des joues. On n'avait jamais vu ça. Dans les lieux publics, je sentais les regards se poser sur mon petit trône au rabais. C'était la honte, et pas qu'un peu. D'abord, j'ai essayé de m'en moquer, des moqueurs. Car quel autre choix avais-je ? C'est toujours par défaut que l'on devient stoïque.

Six mois plus tard, la situation était devenue intenable. Je me sentais épié, moqué, pointé du doigt, comme émasculé par l'impossibilité de m'asseoir. Chaque jour, les ambitions de mon os me creusaient du dedans, cisaillant au passage tout ce qui se trouvait sur son chemin. L'écran blanc de mon rêve me revint en mémoire : ce coccyx en vadrouille sonnerait-il mon glas ? Un matin d'avril, après plus d'un an passé à me subir – car c'était bien moi, mon ennemi, mon traître –, j'écrivis au Dr Flûte pour savoir s'il existait une opération susceptible de résoudre définitivement mon problème. Dans la journée, il me répondit que l'on pouvait en effet pratiquer un geste chirurgical, réservé aux cas extrêmes, et qu'il était prêt à me mettre en relation avec son confrère. La semaine suivante, je le rencontrai dans un hôpital parisien.

Le Dr Hautbois était un homme petit et légèrement trapu. Il avait les yeux bruns et le regard fuyant. Comme nombre de médecins – espèce dont je suis devenu, à force, un fin ethnologue – il parlait à demi dans sa barbe, et semblait fort ravi de sa constitution. En quelques mots, il me présenta l'opération qu'il se proposait d'assurer : il s'agissait d'une coccygectomie – nom savant pour désigner l'ablation complète de mon ultime vertèbre. D'abord, j'en ai pâli d'effroi. Me retirer un os ? N'était-ce pas là démesuré ? Pris au dépourvu, je cherchais à savoir s'il n'y avait pas de voie médiane, proposant en naïf de polir mon coccyx, ou d'en ôter simplement la partie devenue folle. Cela me semblait plus raisonnable. D'un ton déjà perfide, le Dr Hautbois me rassura à sa façon : « Ne vous inquiétez pas, je retire trois coccyx par semaine. Généralement, tout se passe bien. Et puis, pour vous, c'est une piqûre de moustique, tout ça ! »

À ce moment précis, j'ai eu le malheur de regarder ses mains : elles tremblotaient. Un instant, j'ai voulu fuir. Mais pour aller où ? Je n'avais plus de solution. Passer ma vie sans jamais m'asseoir, c'était non. Ces mains vacillantes étaient mon unique espoir. Alors, j'ai accepté de me faire opérer. Loin de m'en douter, je venais de prendre la pire et la meilleure décision de ma vie, selon d'où qu'on regarde. Car c'est ce « oui », cet accord donné trop vite, trop tôt, comme toujours, qui allait déterminer le reste de mon existence, et qui marquait le début d'une aventure dont je n'étais pas près de triompher. Porté par mon enthousiasme slave – celui dont mon professeur d'histoire, éminent psychologue des peuples, avait vu la trace en moi –, je me suis laissé convaincre par les deux blouses blanches. J'avais retrouvé un second souffle. Dans leur cabinet, je pensais déjà à ma vie d'après, assise et respirable, au retour de mes joies, au jour où je jetterais par-dessus bord mon éternel coussin. On m'avait vendu du rêve : le cauchemar allait pouvoir commencer.

« On y va. *Knock him out* »

L'opération fut programmée le 1er juillet 2021. Comme toujours, c'est ma mère qui m'accompagna à la clinique. En pénétrant dans la petite chambre qui serait mienne, elle a fondu en larmes, effondrée de me laisser ici, dans cet ici indistinct que forment toutes les chambres d'hôpital du monde. À mon habitude, j'essayais de la rassurer, lui expliquant que tout cela serait vite fini, et qu'il ne s'agissait au fond que d'une formalité, ou d'une piqûre de moustique, comme avait dit le docteur. Je me demande encore pourquoi elle a tant pleuré, ce jour-là, au moment de me laisser seul. Est-ce qu'elle avait entrevu, dans un éclair dont les mères ont le secret, la somme d'écroulements qui allait fondre sur nous ?

Après l'avoir renvoyée chez elle, j'ai commencé à m'installer dans mon petit palais. Comme celles de toutes les structures médicales, les fenêtres de ma chambre étaient condamnées, au cas où j'aurais eu des envies de Grand Soir. Pas inquiet pour un sou, je me suis occupé pendant quelques heures, observant avec amusement le cortège des infirmières défiler dans ma chambre, papotant avec d'autres patients, et, comme eux, j'ai attendu que mon heure arrive. Le Dr Hautbois est venu me jouer un petit air, histoire de : « Tout ira bien ! À demain ! »

Aux aurores, je fus conduit au bloc. Des électrodes plein la peau, perfusé de partout et relié à plusieurs sortes de machines, on me fit glisser sur un brancard vers le lieu de l'intervention. Les salles opératoires sont des endroits glaciaux. On ne le sait pas assez, mais il y fait très froid. De mon lit, je sentais l'agitation des troupes avant la bataille. D'une voix calme, l'anesthésiste m'expliqua vaguement sa procédure. Vaguement, parce que je l'entendais à peine : c'est que déjà ses drogues faisaient effet.

« Il est prêt », déclara-t-il au chirurgien. Le signal fut donné. Je vis le Dr Hautbois me pointer du doigt, comme pour dire : « On y va. *Knock him out.* » Alors, l'anesthésiste posa sur ma bouche le masque des rêves : « Comptez jusqu'à cinq, monsieur Krastev… » Un, deux…

Et j'étais parti.

« Tenez, c'est pour vous ! »

L'anesthésie, c'est une longue nuit noire. Les horloges ont disparu. On est loin. On a arrêté de vivre. Et c'est tout le corps qui flotte dans un lieu inconnu. Il y a de l'agréable là-dedans. Sauf quand il s'agit d'en revenir, surtout lorsqu'on s'est fait ouvrir par une meute de médecins. Après des heures d'un profond coaltar, je repris progressivement conscience, tordu et geignant dans la salle de réveil, pressant les infirmières de me dire si tout s'était bien passé. Une chose était sûre : j'avais mal. Un mal affreux, impénétrable. Aucun recours. Il ne fallait pas s'en faire, me dit un aide-soignant en m'injectant de la kétamine, les médecins allaient venir. La piqûre me soulagea : je pouvais repartir.

Le soir, je reçus enfin la visite du Dr Hautbois, qui commença son bilan par une étrange note : « Dites donc, qu'est-ce que vous êtes poilu ! Je n'avais jamais vu ça. » Je venais de laisser ce bonhomme me fendre en deux et m'extirper un de mes précieux os. N'avait-il rien trouvé d'autre à me dire ? L'espace d'un instant, j'ai senti la colère sourdre en moi, avec l'envie furieuse de l'envoyer valser. Évidemment, je n'en ai rien fait. On n'a jamais le courage de ses mauvais instincts. Je lui demandai à la place comment il avait négocié avec mes poils, et surtout, si l'opération s'était bien passée : « Oh, on s'est débrouillés ! » Ces mots furent les premiers d'une ère dans laquelle je venais brutalement de basculer : celle du soupçon.

Les jours qui suivirent l'opération, je me sentais déchiré du dedans, comme si l'on avait ouvert un péage au milieu de mes chairs. Ça klaxonnait drôlement. Déjà, rien à voir avec la balade de santé que l'on m'avait promise. Pas de panique. J'avais toujours été un peu douillet. Le 4 juillet, de mon lit, j'ai reçu les résultats du concours auquel j'avais dédié mon année : j'étais admis. D'une seconde à l'autre, dans cette affreuse clinique où je venais de me faire disloquer, j'étais devenu agrégé de lettres modernes. Alors, pour la première fois depuis l'opération, je me suis levé, délirant à moitié, et j'ai hurlé la nouvelle dans les couloirs à tous ceux qui avaient le malheur de croiser mon chemin, comme un prophète dans le métro. Transie et pas peu fière, ma mère est venue à ma rencontre, gonflée d'une euphorie dont elle avait le secret. Certes, ce n'était là qu'une mince victoire, rien de bien grandiose ; mais Dieu qu'il était beau, ce quatrième jour de juillet.

Alors que ma sortie se profilait, Hautbois est de nouveau venu me rendre visite. Il fit irruption dans ma chambre avec un léger sourire sur le visage. Décidément, cet homme était jovial ! Je m'aperçus qu'il tenait dans sa main droite une boîte au couvercle rose, du genre de celles qu'on utilise pour les prélèvements urinaires. Il me la tendit avec malice. « Tenez, c'est pour vous ! » dit-il en déposant l'objet sur ma table de chevet. D'abord, je n'ai pas compris de quoi il retournait. Dans la boîte, je ne pouvais distinguer qu'un gros caillou noirâtre. Et, d'un coup, j'ai percuté.

C'était mon coccyx. Là, hors de moi, mis en conserve. Mon os m'avait quitté. Il s'était fait la malle. Et je l'avais sous les yeux, l'immonde, l'infâme, le responsable de tout ce tralala. Terrible. Regardant sans discontinuer mon petit trésor de guerre, je ris aux éclats. J'avais à portée de main ma « structure vestigiale », ma propre apocalypse.

La chose était donc actée : j'avais perdu mon fondement.

Partie 2

L'Italie pour destin

« Ça pue, votre truc ! »

Un os en moins et le cœur plein d'espoir, je suis sorti de la clinique six jours après y être entré. Je n'étais pas beau à voir, mais je m'étais débarrassé de mon petit démon. Convaincu que tout allait bien, c'est la fleur au fusil que je suis parti en vacances, trois semaines plus tard. Quelques signaux auraient pourtant dû me mettre en garde : alors que j'étais allé consulter mon bourreau juste avant mon départ, il avait eu, en m'examinant, l'un de ces mots d'esprit dont il avait le génie : « Ça pue, votre truc ! » Mon truc ? N'était-ce pas là son grand œuvre ? Commençait-il déjà à se carapater, le bigre ? Au sortir de la même consultation, je me souviens aussi de lui avoir demandé quand nous nous reverrions :

« Jamais ! » avait-il dit dans un sourire teinté de soulagement. Là-dessus, c'est peu de le dire, le bon Hautbois avait tout faux.

Pendant mes vacances d'estropié, la douleur ne me lâchait pas. Et c'est une bien drôle d'odeur qui s'échappait de ma faille. Pour la masquer, et endiguer aussi le sang qui en coulait, je portais de grandes protections hygiéniques. J'avais beau me rêver en mondain estival; j'étais un homme troué, et je portais des couches. À mon retour, j'ai sonné l'alarme. Étendu sur le flanc, exhalant une odeur de mort, je me suis enfin rendu à l'évidence. Quelque chose ne tournait pas rond. J'allai donc en boitant me faire examiner, et tombai nez à nez avec les assistants du Dr Hautbois, qui était, lui, en Grèce, sur un bateau. Pris de panique par mon éruption et l'état sanglant de mon fessier, ses subalternes m'envoyèrent fissa aux urgences de Lariboisière pour d'autres examens.

Dans la salle d'attente de cette nouvelle cour des miracles, un boucan d'enfer: chacun y allait de sa plainte, de son cri, de son agonie. On y parlait chinois, turc, moldave. Il y avait de tout, sauf des médecins. Et on était condamné à attendre, comme un amant craintif ou une valise perdue. C'était le mois d'août. La France était à la plage, et il ne restait ici que des déshérités. Que des vies abîmées, tordues, explosées. Que des fragiles en mon genre, qu'on ne saurait pas aider. À côté de moi, un enfant pleurait, le bras cassé. Une dame chantonnait en se remaquillant. Un brancard est passé, un homme dessus. Peut-être éteint, l'homme. On ne sait pas. Les téléphones sonnaient, la télévision grésillait. Au bout d'une heure, un jeune s'est mis à vociférer: « Mais, putain, c'est pas possible! » Sorti de nulle part, un agent de sécurité l'a mis en garde: « Dernier avertissement, monsieur. » Allongé sur deux chaises, j'ai attendu pendant trois heures. Je pensais à m'en aller. « Patient Krastev-Mckinnon! » cria une femme dans le couloir. Mon nouveau prénom me va à ravir.

À ma surprise, je fus reçu par un jeune interne qui ne semblait rien connaître à ma pathologie. Après plusieurs tentatives, il parvint finalement à prendre langue avec mon bourreau sûrement à peine sorti d'une sieste dans les Cyclades. Depuis l'autre bout du monde, le Dr Hautbois ordonna que l'on me réopère. Le lendemain matin, le Dr Bouchetrou fut mobilisé pour l'occasion : c'est lui qui serait chargé de faire fuir mes microbes en folie. J'étais reparti pour un tour, et triste comme jamais de m'être encore échoué. La veille, j'étais à la plage. Coup de poing du sort dans les dents. Avec à peine le temps de se plaindre : « Mettez-le en décubitus ventral », « Scalpel, on se magne », « Il est où, l'anesthésiste, bordel », « Allez, on l'endort ».

L'hôpital, ça vous calme

« Personne n'attend personne. » Ce sont les quatre petits mots qu'a prononcés Ulysse au téléphone, alors que je lui confiais ma tristesse. Toujours en retard sur la vie, j'avais jusqu'à présent couru dans tous les sens. Mais voilà : j'étais de nouveau cloué à un lit d'hôpital. C'était l'été. Il faisait chaud. Et tout semblait me filer entre les doigts.

Personne n'attend personne. Aujourd'hui encore, ces mots me font trembler. Partout, la vie avance. C'est le grand carrousel des corps, des rencontres, des ascensions-perditions-démissions. Partout, on se presse de construire sur les décombres d'hier, et tant pis pour ceux qui n'ont pas d'élan. Que j'y participe ou non, le monde continue d'aller. Et même Dieu regarde par la fenêtre.

La vie parmi les miens est d'une grande lenteur. Nos corps sont fêlés, astreints, piteux. Dans le couloir, une femme appelle à l'aide : « Au secours, il y a du sang dans mon lit… J'ai oublié mon nom. Appelez le 01 43 87… Dites-leur que je veux rentrer. » Silence général. Tout le monde s'en fout. Dans la chambre voisine, un homme crie, lui aussi, mais sans mots : c'est sa douleur qui le fait chanter.

En marchant fébrilement vers la cafétéria – ma seule sortie du jour – je lance des regards à l'intérieur des chambres : ce ne sont que vieillesses mises au lit, anciennes gloires rassises. Qu'est-ce que je fabrique ici ? La mort traîne dans le couloir sans aucune gravité. Accompagnée seulement par le bruit des machines, les voix des infirmes et des infirmières et, surtout, par l'éternelle rumeur des téléviseurs, derniers échos possibles avant le grand silence. Je pense à tous les lits d'hôpitaux du monde, à toutes les épaves de tous les continents. Et rien ne se passe. Le temps est sans visage et continue sa course.

Personne n'attend personne. Pourtant un jour je partirai : je retrouverai ma vie et le battement des rues. Bien trop jeune pour être mort, j'aurai eu un avant-goût de là où on termine. Et il faudra construire sur ces dérélictions, en sachant qu'il est des lieux où l'enthousiasme ne peut plus rien. L'hôpital, ça vous calme.

Trouver la clé du temps

Évidemment, je me suis fait engueuler. Mon départ pour Biarritz avait été une folie, et j'avais encore péché par précipitation. Au beau milieu du mois d'août, j'étais désormais en train d'en payer le prix fort. Je l'avais mauvaise. Très vite, ma mère et ma sœur ont mis en place une nouvelle politique destinée à me canaliser : elles seraient *intraitables*, comme elles se plaisaient à le répéter. Si elles l'avaient pu, je pense qu'elles n'auraient pas hésité à m'attacher aux barreaux de mon lit, histoire que je ne bouge plus. Mais comme j'étais un homme libre, elles ne pouvaient que multiplier leurs sommations. Déjà, j'en avais ma claque. Je pestais pas mal et m'ennuyais sec. Chaque jour, j'attendais que la nuit vienne, que les heures s'égrènent ou me tuent.

C'est à ce moment de ma chute libre que j'ai recommencé à jouer aux échecs. J'avais toujours été un homme ludique. Le jeu m'avait offert un véritable univers de rechange, me permettant d'échapper un peu à la faillite familiale et aux angoisses de mes parents. Je jouais comme l'on respire, et je respirais fort.

Alors qu'une amie me rendait visite, je la vis sortir de son sac un petit échiquier : « Allez, on joue, ça va te faire du bien », m'avait-elle dit avec une étrange détermination. Je fus battu en peu de coups. Mais quelque chose en moi venait de se réveiller. Après son départ, j'ai ouvert mon ordinateur, et j'ai joué pendant des heures. Le feu était de retour.

Jour après jour, et malgré les tracas de la vie hospitalière, je me suis organisé. J'avais besoin d'un cap, d'une méthode, et de beaucoup de discipline. Essentielle, la discipline. Le personnel soignant s'étonnait de mon nouvel élan : c'est que j'avais un monde à conquérir. Pas à pas, je suis entré au royaume de la stratégie, au pays de la tactique. Je découvris l'histoire d'un jeu plus vaste que toutes les Amériques. Des noms et des mots par dizaines, Fischer, Kasparov, Carlsen, l'attaque de nuit, la prise en passant : et le monde de s'élargir à vue d'œil.

Aimer le jeu d'échecs, c'est trouver la clé du temps. On est passé de l'autre côté. Je jouais toutes mes parties comme si les étoiles y assistaient. Je devenais fou, cavalier, petit pion au grand cœur, unique reine de ce monde. Je ne déplorais plus, je calculais. Les échecs m'avaient appris à perdre sans honte et à triompher en modeste. Car c'est un jeu pareil à l'existence : on n'y est jamais au bout de ses peines. On devient juste un peu moins maladroit.

Contre toute attente, c'est dans une grande joie ludique que s'est écoulé mon nouveau mois d'hospitalisation.

Ma situation avait beau être mauvaise, j'avais trouvé un refuge. Et tant pis pour les vacances. Sur la mer infinie des soixante-quatre cases, tout de même je voyageais bien.

L'Italie pour destin

On ne se refait pas : il a fallu que je bouge. À peine sorti de l'hôpital, le premier jour de septembre, j'ai senti pousser en moi, irrésistible, une violente envie d'ailleurs. Censé consacrer ma réussite académique, l'été de ma victoire venait d'être brisé par la raison médicale. La lumière me manquait, et je voulais vivre. J'avais faim. J'avais soif. Il fallait que je me tire.

Du jour au lendemain, j'ai quitté Paris pour Rome. Voilà des années que je rêvais d'Italie. J'allais enfin passer à l'acte. J'avais lu Montaigne, Stendhal, Morand. Rome, c'était d'abord des phrases, des mots, une longue métaphore prête à me recueillir. Au travers de cette fugue, c'est tout un monde que j'escomptais fuir. Je quitterais Paris, son couvercle, le bal des médecins, ma famille en archipel, mes amours déçues. Je voulais du neuf, du *brand new* : être un homme vierge dans une ville en ruine.

Aller me perdre à Rome, m'offrir à elle, c'était aussi renoncer à ma langue ; délaisser ce français que j'avais tant aimé. Qui me collait désormais à la peau. J'avais été jeté dans sa prison, dans la geôle de ses adjectifs, de sa précision, de son goût ciselé de la tragédie. « On n'habite pas un pays, on habite une langue. » Convaincu par cet adage, j'étais décidé à faire peau neuve, à tout réapprendre, *start from scratch*. Enfin, je croyais dire adieu à mes ruminations gauloises. Comme tombé sur la tête, j'ai pris mes cliques, mes claques, mon tremblement, et j'ai foncé à l'aéroport. J'ai acheté un aller simple pour la Ville éternelle ; et *ciao* la compagnie.

Les premiers jours de mon exil furent aussi grandioses que je les avais imaginés. Je logeais dans un quartier du sud de Rome, avec cinq adultes italiens, tous beaucoup plus âgés que moi. D'emblée, je fus étiqueté comme *il Francese* de l'appartement, ce Français romantique et peu soigneux qui vit dans l'esprit des Italiens, celui-là même qui n'utilise pas de bidet et qui connaît Baudelaire par cœur. Pendant les longs dîners de cette auberge romaine, je ne comprenais d'abord presque rien ; mais, diable, que j'étais bien. Je m'accrochais à certains mots, faisant mine de suivre, et je souriais. J'étais hors de tout ce que j'avais connu : en fuite, dépaysé et affreusement libre.

J'ai aimé Rome comme un premier amour. Jour et nuit, j'arpentais les rues au hasard, souriant au tout-venant, bredouillant avec fougue quelques mots appris dans mon cher Assimil : « *Ciao, come stai ?* », « *C'è il sole, oggi !* », « *Va bene !* ». J'avais réussi. J'étais un homme nouveau. Et bien gâté par le soleil. Immense, le soleil, toujours au rendez-vous. Pas syndiqué comme celui de Paris. Pendant deux semaines, j'ai baroudé en patron, curieux de tout, découvrant la grâce discrète des pierres de Rome, émerveillé franchement par l'Histoire et ses débris. J'étais le touriste absolu, vorace et démentiel. Le pire, c'est que je méprisais les autres visiteurs, ceux qui tendaient leurs perches à selfies au-dessus du Panthéon, eux qui n'étaient ici que de passage : c'est que moi, j'habitais à Rome.

Quelques jours après mon arrivée, j'ai rencontré Louise. Partie comme moi de Paris à la recherche d'elle-même, elle avait été recrutée à l'ambassade française de Rome. Très vite, notre rencontre a tourné au petit bonheur. Louise pensait plus vite que la musique : elle avait du feu à revendre, et semblait toute portée par une joie furieuse d'exister, de rire, d'être simplement là, femme sensible d'une terre absurde. Égaré avec elle dans les allées de Rome, je redécouvrais le rire, et regagnais enfin les faveurs du soleil. Encore une fois, c'est Casanova qui avait raison : la vie donne et reprend sans qu'on y saisisse rien.

En quelques semaines, j'étais devenu un vrai local. Mon italien s'était considérablement amélioré ; je ne regardais plus les monuments que comme des compagnons d'armes. La ville semblait m'avoir adopté. Comme l'argent finit par me manquer, j'avais accepté un poste à l'Institut français. J'y travaillais en tant que professeur de langue. Cet emploi tombait bien, il venait compléter à merveille le cliché de ma fugue romaine ; j'étais un stéréotype, et n'y trouvais rien à redire.

Un matin, je reçus un appel d'Édouard, le meilleur de mes amis, avec qui j'avais déjà vécu quatre ans entre Lyon, Paris et La Ciotat. D'une voix un peu éteinte, il se plaignait de sa situation, et avoua même qu'il s'ennuyait de moi. Minute après minute, je compris qu'il avait une idée en tête, et que son coup de fil n'était en rien fortuit : « Et si je te rejoignais ? » finit-il par lâcher dans un éclat de rire millimétré.

Sa proposition m'avait embarrassé. D'un côté, sa présence ici serait sans doute lumineuse, et notre complicité romaine ferait vite parler la poudre. De l'autre, je fus comme gêné par la perspective de ce débarquement, de ce retour brutal de ma vie française, de ce que j'avais de plus ancien dans ce qui m'était le plus neuf. Édouard, c'était le passé qui revenait au galop. Je lui ai demandé de me laisser réfléchir un peu : mais il n'avait jamais sollicité mon consentement, et sa décision était prise. Il surgit à Rome le lendemain matin, après avoir envoyé valdinguer ses obligations parisiennes, en plaçant sa folie sous le seul signe de René Char : « Cet élan absurde du corps et de l'âme, ce boulet de canon qui atteint sa cible en la faisant éclater, oui, c'est bien là la vie d'un homme ! [...] Tu as bien fait de partir, Arthur Rimbaud ! » Ainsi, Édouard était à Rome. Le problème, ou plutôt les problèmes, c'est qu'il était sans le sou, qu'il ne parlait pas italien et qu'il avait besoin d'un toit. Pour une arrivée en fanfare, on avait vu mieux.

Évidemment, je lui proposai de l'héberger pour quelques jours, le temps qu'il se retourne et organise comme il pouvait sa vie improvisée. Il s'est installé dans ma chambre, sur un petit lit d'appoint. Le soir de son arrivée, il avait déjà pris ses aises, se promenant à moitié nu dans la colocation, papotant comme un fou avec ses habitants. En le voyant s'infiltrer ainsi dans ce que j'avais construit, je me souvins du *Voyage au bout de la nuit*, et de ce Robinson dont Bardamu ne peut se défaire, de cet ami inexplicable qu'il croise aux quatre coins du monde.

Édouard était mon Robinson à moi : nos destins se croisaient et se décroisaient à un rythme que l'on ne pouvait prévoir. Il se collait à ma vie, je me collais à la sienne. Et nous parlions de tout cela à cœur ouvert. Nous étions deux navires dont les routes se suivaient et, dans l'immensité de tout, c'était parfois pas plus mal. Mais, dans le cas précis de ma vie italienne, je ne voulais pas être suivi. Et lui avait parcouru un millier de kilomètres pour me retrouver. Existait-il un lieu où je serais à couvert ? Est-on toujours traqué par ceux-là qui vous aiment ?

Au moins, Édouard joua le jeu. Maintenant qu'il était là, j'avais un camarade d'intégration : en balade dans la ville, nous apprenions des mots d'italien rares et compliqués, histoire de se faire bien voir, et surtout de *passer pour* : « *chiacchierone*, le fanfaron ! », « *spaccare*, fendre en deux ! ». À ma grande surprise, il ne voulait rien visiter. Il se fichait des ruines, des temples, de la grande hache des siècles : lui voulait du présent, de la vie normale ; sentir le pouls *médiocre* – c'est son expression – de la cité romaine, goûter à ce qu'elle avait de plus âpre et de plus commun. Il s'est fait embaucher comme *butta dentro* dans un restaurant touristique. Sa mission consistait à alpaguer les passants en leur promettant monts et merveilles. *Butta dentro*, en italien, c'est « jeter à l'intérieur ». Alors, il jetait, mon Édouard, ou du moins essayait.

Dans l'ensemble, je ne pouvais le nier, notre vie à deux avait commencé de fort belle manière. Nous vivions au rythme de nuits toutes folles et de joies en série. C'était beau. C'était grand. Cela ne durerait pas.

« Monsieur, vous saignez ! »

Un mardi d'octobre, au beau milieu d'un cours, l'un de mes plus jeunes élèves m'a interpellé sans même prendre la peine de lever la main : « Monsieur, vous saignez ! » Tout étonné, et un peu pris de vertige, je regardai à mes pieds : du sang tombait par grosses gouttes sur le sol de l'Institut. Et c'est de moi qu'il s'échappait, ayant trouvé sa route à travers mes habits.

Je n'ai eu besoin que d'une seconde pour comprendre ce qu'il en était : ma plaie venait de se rompre et me signalait, dans un délire hémorragique, le retour de son règne. C'était le début de ma fin. Avant toute considération médicale j'ai d'abord eu honte de cette fissure publique. Ma défroque d'enseignant venait de prendre un sérieux coup. Imagine-t-on un professeur qui saigne du derrière ?

En urgence, je me suis excusé, et j'ai quitté à la hâte ma salle de classe. Mais pour aller où ? Je ne connaissais aucun médecin à Rome ; mon niveau de langue était insuffisant pour expliquer convenablement ma pathologie ; et j'avais une peur bleue coincée dans l'organisme. C'est tout mon rêve qui virait au drame. Les premiers jours, n'y pouvant rien faire, je suis resté cloîtré dans ma chambre, étendu sur mon lit, priant pour que ma plaie ait pitié de moi, et que sa fureur cesse. Mais j'avais beau détourner le regard : j'avais chaque jour du sang dans le caleçon. Et cela ne sentait pas bon. Les odeurs ne mentent jamais.

L'infection, de nouveau, a été fulgurante. C'était pas joyeux, toutes ces bactéries. Le sang avait noirci, et mes cellules se faisaient la malle. Frissons tout le temps. Fièvre. Larmes de dégoût. Pas de doute à avoir : mon corps m'avait trahi. Comme il fallait agir, je me suis décidé à appeler ma mère. Elle me pensait au sommet de ma gloire romaine. C'est de très haut qu'elle est tombée. Comme toujours, mes pleurs l'ont fait pleurer, et elle m'a ordonné de rentrer en urgence à Paris.

Alors, j'ai obéi. J'ai pris le premier billet d'avion, empaqueté en moins de deux quelques affaires, et je suis parti. J'ai claqué la porte de mon appartement, direction l'aéroport. Je quittai Rome avec le même fracas dans lequel je l'avais rejointe. Mais avec, c'est peu de le dire, beaucoup moins d'éclat, et sans aucune force. Mon plus beau projet finissait en charpie. Je devais dire adieu à ma belle Italie, à ma belle Louise et à mon ami de toujours. Je ne laissais ici que croquis, bonheurs ébauchés et souvenirs en décharge. Du terminal, j'ai appelé Édouard, lui confiant symboliquement les clés de la ville. Croyez-le ou non : il est resté un an et demi à Rome, prolongeant indéfiniment son séjour, et vivant à ma place l'existence dont j'avais rêvé. Décidément ! On ne négocie pas avec l'injustice.

Dans l'avion, ma plaie continuait ses caprices. L'odeur était de plus en plus forte. Je me doutais déjà que la chose était grave, et que je ne reverrais pas Rome de sitôt. Tout venait d'être précipité dans une chute sans retour. En arrivant à Orly, j'ai aperçu au loin le regard défait de ma mère, qui semblait savoir, elle aussi. De toute façon, les mères savent. Les médecins, déjà prévenus, se tenaient en ordre de bataille. Je serais opéré le lendemain matin. Dans le taxi, je me suis allongé sur elle, complètement meurtri. L'enthousiasme m'avait quitté. « On est maudits », murmura ma mère. Cette fois-ci, je n'étais pas loin de la croire.

Partie 3

Au bord de tout

« Une bête était née qui vivait en moi »

Dix ans plus tôt

À l'été de l'année 2011 – je venais d'avoir douze ans – mon père avait utilisé les deux semaines réglementaires que lui allouait le contrat de divorce pour nous emmener, ma sœur et moi, en vacances avec sa nouvelle famille dans une maison retirée de l'Auvergne. Toujours délicats, ces séjours nous contraignaient à laisser notre mère seule, et nous plongeaient dans un univers bien moins permissif, bien plus sévère, aussi, qu'à l'accoutumée. Le divorce de mes parents avait été une guerre sans merci : perlés sur plusieurs années, les procès qui les opposaient avaient eu des allures de lutte à mort, effaçant définitivement la moindre trace de leurs amours passées. Nous, au milieu d'eux, avions essuyé bien des tirs croisés, tantôt témoins, tantôt coupables. Il fallait se faire discret. La jouer fine. Sinon, comme on le pensait alors, nos deux parents finiraient par nous détester aussi. Convaincu que ma mère était trop laxiste, mon père avait déployé au sein de son nouveau foyer une politique éducative stricte, exigeant de nous une tenue décente, catholique et irréprochable. La tâche était périlleuse : nous portions continuellement un masque ; celui des enfants du divorce. Nous étions des pièces rapportées, les tristes reliques d'une famille fracturée.

Après quelques jours émaillés de légères frictions, j'ai été saisi de violentes nausées, déclenchées d'abord par les trajets en voiture, puis surgissant sans crier gare à toute heure du jour ou de la nuit. Seulement, je ne vomissais pas : j'avais le cœur haut, des vertiges à revendre, et aucun moyen d'expulser le mal. Personne d'abord ne s'inquiéta ; on me mit au lit, le temps que cela passe. Dans ma chambre, je fermais les rideaux, préférant rester dans le noir, puisque la lumière du jour avait commencé à m'indisposer. Je me sentais faible, terriblement faible, comme pris d'un accès délirant de fatigue ; une fatigue brute et colossale, que même le repos empirait. Un jour où j'avais décidé de sortir un peu de ma léthargie, j'ai marché jusqu'en haut de la colline qui surplombait notre maison, à la recherche d'une ou deux barres de réseau. En chemin, les nausées m'assaillirent de plus belle. Perdu dans mes pensées, je me suis cogné contre un arbre dont l'une des branches, plus aiguisée qu'une lame, manqua de me transpercer l'œil. Je revins en sang à la maison, le visage délabré par ce bout de bois. C'était à n'y rien comprendre.

Le lendemain matin, au réveil, une nouvelle perle vint s'ajouter au collier de mes symptômes. En regardant ma sœur me passer les céréales, je constatai avec surprise qu'elle avait deux paires d'yeux superposées. En l'observant bien, je m'aperçus que je voyais tout son visage en double ; ma sœur avait une jumelle. Le monde, ou l'image du monde dans ma rétine, venait soudain de se scinder en deux. Je n'arrivais plus à stabiliser ma vue : là où il n'y avait qu'un chat, je voyais deux chats, qui vivaient pour mon cerveau deux existences parallèles. À notre retour, j'ai décidé d'en parler à ma mère, au risque de créer un problème de plus, et alors qu'on n'en avait pas besoin. Elle m'envoya chez l'ophtalmologue : le bon docteur confirma mes intuitions. Je souffrais d'une « déviation intermittente » de l'œil gauche, d'un « strabisme inexpliqué », qu'il était possible de corriger par des exercices assidus. Pendant quelques semaines, j'ai donc travaillé d'arrache-pied avec une orthoptiste – sorte de kinésithérapeute du regard – pour que le jour retrouve son ancienne unité. Nausées et maux de tête continuaient pendant ce temps à me travailler au corps, selon les lois d'une étonnante régularité. Pour essayer de faire avec, de vivre malgré, je gobais en cachette un gramme de Doliprane par jour. Mais je n'étais plus dupe : je le sentais bien, que tout cela était trop pour un hasard, et qu'il se tramait quelque chose en mon dedans. Quelque chose de sombre, que rien n'endiguerait. Une bête était née qui vivait en moi. C'est là tout ce que je pouvais dire.

Lors d'une nouvelle consultation, un médecin généraliste encore jamais rencontré conseilla à mes parents de me faire passer une radiographie, « comme ça, juste pour voir ». Deux jours plus tard – c'était le 2 novembre – l'examen fut pratiqué à Paris, dans la clinique de Charles, l'ancien ami de ma mère. Le scanner achevé, il vint nous rendre compte avec une mine faussement assurée, de celles qui n'augurent rien de bon, en cherchant par tous moyens à garder sa contenance. Pesant chacun de ses mots, il engagea ma mère à me faire passer dans la foulée une IRM, « comme ça, juste pour voir ». Pressé par les plaintes de ma génitrice, je l'entendis vaguement parler d'un « petit nodule », terme dont j'ignorais radicalement la signification, mais qui fit drôlement pâlir Maman.

Une demi-heure plus tard, j'étais dans le four de l'IRM, subissant de plein fouet son concert mécanique, et bien décidé à voir ce qui brûlait dans mon fin fond. Le soupçon traçait en moi, minute après minute, son implacable route. Après ce deuxième examen, la doctoresse chargée du dossier mit un temps fou à nous rejoindre. À travers la vitre, je la voyais s'agiter en tous sens, passer des coups de fil, consulter ses collègues. Lorsqu'elle vint finalement à notre rencontre, elle confirma la présence d'un kyste au beau milieu de mon cerveau, dont il fallait encore, précisa-t-elle, déterminer la nature, et nous donna rendez-vous le soir même à l'hôpital Necker.

Des années plus tard, j'ai appris que Charles avait immédiatement compris de quoi il retournait : incapable de prendre la responsabilité d'une telle annonce, il avait feint l'optimisme, essayant tant bien que mal de garder la face. Dès notre départ, il s'était mis à courir comme un dératé dans les rues de Paris, pleurant et hurlant, implorant le ciel à coups de grands gestes. En fait, ils le savaient tous, les médecins. Ils se déléguaient un à un la tâche de nous le révéler.

À Necker, on nous parqua d'emblée dans une chambre du service de neurologie. Ma mère ne respirait plus beaucoup. Son visage était pâle. Et ses yeux tremblotaient. Moi, j'attendais. Je ne comprenais pas, je crois, ce qui nous tombait dessus. J'avais juste mal à la tête. C'est lorsque j'ai vu entrer le médecin que mon cœur s'est serré. C'était un homme assez âgé, à l'allure pontificale, qui devait sans nul doute être le chef du service. Sur le badge accroché à sa blouse, une inscription qui valait tous les mots : « Dr Sainte-Rose, neurochirurgien ». En quelques phrases, d'un ton calme et décidé, il se présenta à nous, et annonça la chose sans trop de détours.

J'étais atteint d'une tumeur maligne. Appuyé sur mon nerf optique, ce « germinome » avait pour l'instant un diamètre de deux centimètres, ce qui n'était pas rien, et ce qui allait être pire, si on le laissait croître. À quatre heures de l'après-midi, je n'avais qu'un vague « nodule » ; à seize heures, un « kyste inquiétant » ; et voilà qu'en ce soir de novembre, j'étais l'hôte d'une méchante tumeur. Ma mère, ravagée par les larmes, avait manqué de tomber par terre. Je sentais mes organes se comprimer, valdinguer au-dedans, se décrocher les uns après les autres. Tout s'expliquait : les nausées, la vision double, les migraines.

J'avais dans le cerveau un cancer en folie.

Foudroyé

De ce que l'on m'avait énoncé, j'avais retenu une chose : les cellules folles de ma tumeur provenaient de mes testicules. Dans leur délire, elles avaient migré jusqu'à ma tête, et fondé tout là-haut une petite colonie. Un temps, on soupçonna mon patrimoine génétique : mon père avait respiré, dans sa jeunesse bulgare, le nuage de Tchernobyl à pleins poumons, et avait développé, l'année suivante, une vaste tumeur bénigne au poumon. On écarta vite cette hypothèse. Mon germinome à moi n'avait aucune cause claire. Il n'était que le résultat d'un accident biologique, d'une trahison que l'on n'explique pas. Jusqu'à ce jour, le cancer n'était pour moi qu'un simple mot, associé de loin à la mort, à la vieillesse et à la fin de tout. On n'en revenait jamais. C'était une punition définitive, terminale. La guillotine du corps. Alors, l'imaginer en moi, là, au-dedans, sentir son poison, c'était un monde. Ce qui m'attristait le plus, là-dedans, c'est que j'allais manquer l'école. Mon univers était en train de se fendre, et je ne pensais qu'à ma vie futile de collégien, qu'aux parties de football dont je serais absent, qu'à ces boums où l'on ne me verrait plus. La sentence était tombée. On m'arrachait à ce que j'avais de plus précieux. Je venais d'être foudroyé sur place.

J'avais été diagnostiqué un 2 novembre, le jour de la fête des Morts. Pour un augure ! Quatre jours seulement après l'annonce de Sainte-Rose, je fus hospitalisé à l'hôpital Necker : le chirurgien avait programmé une biopsie, et comptait extraire une petite partie de mon corps étranger pour en déterminer l'exacte composition. En voyant mes deux parents réunis pour la première fois depuis des années, j'ai compris que la situation était critique. Si même les rois de la dispute étaient prêts à un cessez-le-feu, c'est que j'étais vraiment au bord. Au bord de quoi ? Je ne le savais pas, mais au bord, c'était suffisant.

Après une batterie de préparatifs et une procédure quasi militaire, je suis entré au bloc opératoire. J'ai dit au revoir à mes parents, à ma mère aux yeux mouillés, et on m'a emmené. Je ne me suis jamais souvenu des trois semaines qui suivirent. Ou juste de bribes. Je me rappelle un noir profond, irrespirable. Ma gorge déchirée par le respirateur. Une sonde qu'on m'enlève du sexe dans un cri de douleur. Une nuit passée à hurler, un incendie derrière la tête, sommé par une infirmière de me taire, « parce qu'il y a des gens qui dorment ». La voix de mon père, quelque part, il y a longtemps. Tous mes souvenirs se mêlent et se bousculent, se coagulent dans un temps que je ne retrouverai jamais. Je me souviens enfin de ma belle-mère, la première personne que j'ai revue après cette grande nuit. Et de son affolement : « Un médecin, vite, un médecin !

Il s'est réveillé ! » Très vite, et sans que je comprenne bien pourquoi, on m'a posé des questions idiotes : « Tu te souviens de ton prénom ? Et de ta date de naissance ? » Je crus d'abord à une farce. Comment j'aurais oublié tout ça ? Puisque je m'agaçais un peu, on a fini par me dire ce qu'il en était : « Tu viens de passer trois semaines dans le coma. Mais tout va bien, maintenant. » L'interne m'expliqua que le Dr Sainte-Rose était allé plus loin que prévu, et qu'il avait essayé de retirer toute ma tumeur. Et qu'il y était parvenu, paraît-il ! Mais son exploit lui avait pris dix heures : dix heures à farfouiller dans mon cerveau, ma minuscule personne entre ses doigts de Dieu. Après ce baroud d'honneur, j'avais été plongé dans le coma, puis transféré aux soins intensifs, branché de partout, vivant à demi. On avait craint le pire. Mon état avait fini par se stabiliser. Le Dr Sainte-Rose avait réussi son incroyable pari. Seul petit bémol : à mon réveil, je voyais toujours double. Pour n'inquiéter personne et ne pas gâcher la fête, je n'en ai rien dit. Plus tard, on comprendrait que mon sauveur avait dans son élan légèrement éraflé mon nerf optique. Mais l'essentiel était ailleurs, et je ne pouvais pas demander le beurre et l'argent de la tumeur. J'étais content d'être revenu. Deux semaines plus tard, j'étais sur pied. Je suis sorti de l'hôpital un mois et demi après y être entré.

Alors que j'avais fait mon grand come-back à la maison, je m'étais figuré que l'affaire était entendue, et que je retournerais vite fouler les terrains de football. Seulement, on ne tarda pas à nous convoquer de nouveau, dans un autre hôpital, cette fois-ci. Selon la secrétaire, il s'agissait de nous présenter « la suite du protocole ». La suite ? Comment ça, la suite ? Je n'en voulais goutte, de leur protocole. Personne ne semblait donc comprendre que j'avais des buts à marquer ?

Le cancer, c'est un bandit qui ne se range pas

Dans la salle d'attente du neuvième étage de l'institut Gustave-Roussy, le plus grand centre d'oncologie français, je découvris un monde qui m'était jusqu'alors radicalement inconnu. Une foule d'enfants sans cheveux pépiait çà et là, tout sourire, sous le regard pétrifié de leurs parents. C'était peu commun, comme spectacle. Après plusieurs heures d'attente, nous avons fini par être appelés : « Famille Krastev, par ici ! » avait hurlé l'assistant d'Hélène Cithare, oncologue en chef du service. Alors, on a obéi, ma mère, mon père et moi. J'avais le ventre en vrac, entortillé par la crainte. Et c'est bien bas que je suis tombé quand le Dr Cithare nous a présenté la marche qu'on devait suivre, à grand renfort de gestes rassurants et de graphiques en tous genres. Impitoyable et nécessaire, son protocole était ma seule chance d'éviter la récidive. Le cancer, c'est un bandit qui ne se range pas, qui vous braque encore et encore, comme porté par le plaisir des casses. Pris de panique, j'ai posé la seule question qui m'importait vraiment : combien de temps ? « Au moins un an, Nicolas. » À ce moment précis, quelque chose s'est décroché de moi ; mon enfance, peut-être, ou bien un continent. En tout cas, ça a fait du bruit. J'ai regardé mes parents. Ils n'allaient pas plus fort. Cette fois-ci, c'était certain : la guerre était déclarée. Tout dépités, on a levé le camp. Notre optimisme venait de céder la place à une lucidité brûlante. Nous qui pensions toucher au but ! Le voyage venait à peine de commencer. J'ai prévenu ma sœur, le proviseur et les copains. Ma mère, elle, a passé des coups de fil par dizaines, sonnant en catastrophe la mobilisation générale. Notre petit monde venait d'être écartelé par une bête immonde que l'on ne voyait même pas. Du collège, j'avais complètement disparu. Évanoui, invisible, c'est du jour au lendemain que je m'étais effacé, projeté brutalement de l'autre côté de tout.

Avant la maladie, je n'étais pas « populaire ». Pire, j'étais un « boloss ». Au collège, j'avais longtemps été l'un des souffre-douleur de mes camarades. Dès mon entrée en sixième, je subis les foudres de troupes en délire. C'est que j'étais facétieux, provocateur, et incapable de me défendre. Parfois, dans la cour de récréation, quelqu'un criait : « Krastev Party ! » C'était le signal. L'ensemble des hommes du préau commençait à me prendre en chasse. Alors, dans un plaisir mêlé de tristesse, je filais, je courais, j'esquivais. Ils voulaient ma peau : ils ne l'auraient pas. Mais toujours la force du nombre finissait par avoir raison de moi. J'étais pris et vaincu. Tous semblaient s'amuser de cette grande traque, qui ressemblait plus à une fête qu'à une humiliation. Et leur enthousiasme me contaminait. J'étais, pensais-je, de leur communauté.

Les sévices, lorsqu'ils n'étaient pas physiques – béquille, kick, chiquette, coco –, se situaient sur le plan du discours. On me défaisait dans la langue. On jouait avec mon nom : « *Krastef, Krastouf, Krascroute, Krasprout...* » On attaquait mes manières d'enfant fragile, mes pleurs inopportuns, mes maladresses de loser. Mon corps et mon vêtement étaient sujets de rires. On me comparait à une « théière », à un « cintre », on vilipendait mon « mono-sourcil », qui me rapprochait plus que quiconque de François Fillon et de MacDonald's. Pour d'autres, c'est mon origine qui était source de moqueries. J'étais le « Bulgare », le « métèque », le « gitan ». Je vivais probablement dans une boîte de tôle. J'avais le corps terreux et l'âme pleine de poisse. Les enfants ont de l'imagination à revendre.

Pourtant, je n'ai jamais désespéré. J'ai toujours voulu conquérir mes bourreaux, devenir leur plus grand ami. Chimère. Enthousiasme débile. *Vicos* un jour, *vicos* toujours.

En perdant la santé, j'avais du jour au lendemain acquis une notoriété de malade. D'un seul coup, et pour d'étranges raisons, j'étais devenu célèbre, célèbre et aimable. On avait pitié de moi. On me regardait comme une étoile sur le point de s'éteindre, comme une étoile mourante, avec en elle trop peu de lumière pour éclairer la vie. Je recevais la visite de camarades qui ne m'avaient jamais adressé la parole, et qui m'avaient même méprisé, à l'occasion, lorsqu'ils étaient au sommet de la pyramide collégienne. Tout le monde voulait voir celui qui avait le cancer. J'étais devenu quelqu'un. Dans le quartier, on allumait des cierges aux messes du dimanche. Je recevais des lettres d'inconnus. Certains professeurs avaient même proposé de venir me faire cours à domicile. C'était gentil. Mais rien de tout cela ne me touchait vraiment : j'avais le cœur gelé. Et comme coupé en deux par tous les événements. Je pleurais pas mal, il faut dire. Et je n'avais plus d'intérêt pour rien, mis à part la musique et les jeux vidéo. Je décrochai soudain de ma propre existence.

Quelques semaines après les annonces brûlantes de ma cancérologue, l'heure de ma première cure a sonné. Ma mère m'a préparé une valise, y glissant discrètement mille choses dont je n'aurais pas l'usage, parce qu'on ne sait jamais, et je suis parti. L'étage de l'IGR dédié aux mineurs était divisé en trois départements aux noms à faire pâlir le Club Med : « la Montagne » accueillait les adolescents, « la Plaine », les jeunes enfants ; et « la Mer », section entièrement stérile, recevait les nourrissons, les plus fragiles d'entre nous. Nous : les enfants du désastre.

On m'installa dans une chambre de la Montagne, et tout s'est très vite mis en place. Le lendemain, je reçus ma première dose de chimiothérapie par voie intraveineuse, injectée via mon cathéter, sorte de boîte aux lettres plantée dans ma peau. Elle eut sur moi l'effet d'une bombe. En quelques heures, je perdis toutes mes forces, soudain saisi par une incroyable nausée : c'était une nausée sans fin, de celles qui vous fâchent avec la vie, du jour qui se lève au soir qui s'affaisse ; une nausée venue du fond des âges, préhistorique, bestiale, du genre à faire pâlir un empire. J'avais le cœur à l'envers et de la bile à revendre. De la bile à perte de vue dans l'estomac. On avait mis à ma disposition un haricot, sorte de récipient en carton qui était, comme je le compris vite, le produit star de l'étage. Je ne vomissais pas : je crachais. Comme une locomotive en panne, comme une commère qui se fâche, je crachais à n'en plus finir sur tout ce que j'avais aimé. Je crachais sur ma vie, sur mon dégoût d'être ici, sur toutes les nuits qui ne voulaient pas finir. J'étais devenu un cracheur professionnel, un cracheur olympique.

Je ne tardai pas non plus à perdre l'appétit. Les odeurs de nourriture me mettaient au supplice. La nuit, je rêvais de gratins aux épinards, pleins d'un fromage moisi et de légumes infects, et me réveillais de ces cauchemars prêt à rendre les armes. Évidemment, j'ai maigri à vue d'œil. Mais lorsqu'on m'a parlé de sonde alimentaire, je me suis résigné à manger. Je n'en voulais pas, de leur tube dans le nez. Nombre de mes voisins d'infortune l'avaient adopté, et semblaient drôlement en souffrir. Il fallait pas déconner. Après une semaine de crachats, je suis sorti tête basse de cette première session, marqué au fer rouge par un produit que je ne comprenais pas, à la fois remède et poison, censé me détruire pour me guérir. De retour à la maison, j'ai passé la main dans mes cheveux : ils commençaient déjà à tomber.

C'était l'automne, et je perdais mes feuilles. Histoire de prendre les devants, ma mère m'a emmené chez le coiffeur. Je fus rasé à blanc, d'une traite. Ce jour-là, bien qu'au courant de ma situation, le coupe-tif nous fit payer le prix fort. Ma mère ne le lui pardonnerait jamais. Le cynisme guidait le monde. Il était sa lanterne magique. Après la chute de mes cheveux, vint celle de mes sourcils, puis de mes poils pubiens. Je me désagrégeais sans qu'on y puisse rien faire. J'étais devenu un de ces enfants chauves, de ceux qu'on remarque instantanément dans les lieux publics ; c'est que ma tête nue signalait le drame. Le cancer m'avait conquis.

Hélène Cithare m'avait prévenu d'une autre chose : les semaines suivant la première cure, je perdrais mes défenses immunitaires, ou presque. C'est ce qu'on appelle l'« aplasie » : le corps, complètement démuni, devient une cible pour toutes les bactéries un tant soit peu ambitieuses. J'étais à la merci des microbes, du moindre virus à la mode. Un rhume pouvait m'éteindre, une grippe, m'assassiner. S'ouvrit alors l'époque, bien avant l'heure nationale, de mon premier confinement. Selon la stricte législation de ma mère, plus personne n'était autorisé à entrer en contact avec moi. Je devais rester dans ma chambre, et même mon chat avait reçu l'ordre de ne pas m'approcher. Que faire quand tout ce qui vit devient poison ? Attendre. *Esperar*. Quand même, c'était pas de chance.

J’échapperai pour lui à ce lieu dégoûtant

Installé à la cafétéria de l’hôpital, aux prises avec une pizza que je me forçais à affronter, je vis un jeune enfant s’approcher de moi. Environ cinq ans, frêle, il ressemblait dans sa petite tunique blanche à un envoyé des dieux. Comme il n’avait pas un seul cheveu, je compris vite que ce bambin était un frère de lutte. D’une main hésitante, s’étant encore approché, il pointa mon repas du doigt, comme pour m’en demander une part : non content de me débarrasser d’un peu de ma corvée, je lui en tendis une immense sans hésiter. Sa mère, qui avait assisté à la scène, me dit en riant qu’il ne voulait en fait que l’olive qui trônait sur ma margherita. Le garçon s’appelait Lucas. Il était atteint d’un cancer de l’estomac, et venait d’entamer sa huitième cure de chimiothérapie. Elle m’expliqua aussi que toutes les opérations avaient échoué, que ses tumeurs ne le lâchaient pas, mais qu’« il y avait de l’espoir ». Elle avait prononcé ces derniers mots avec de l’eau dans les yeux.

Très vite, je me liai d'amitié avec Lucas. Chaque jour, j'allais lui rendre visite à la Plaine, le département des jeunes enfants, jouant avec lui pendant des heures, espérant peut-être tromper notre ennui commun, et lui faire oublier – mais le savait-il seulement – qu'il n'était pas gâté. Venu au monde pour mener une guerre sans merci, ce petit homme me donnait au quotidien une leçon de courage. Lucas restait un enfant comme les autres ; il riait, pestait, grognait, enchaînait caprices et facéties avec beaucoup de grâce. Héroïque sans le savoir, il résistait à tout. Et la peine d'être ici n'avait sur lui pas de prise. Au moins, je n'étais plus seul : car c'était à deux qu'on se battait.

Puis, un beau 13 février, à peine deux mois après notre rencontre, le téléphone a sonné. Lucas était au ciel. En quelques jours, une nouvelle métastase avait envahi la quasi-totalité de son estomac, et même son beau sourire avait dû céder. Il était parti dans la nuit. Je ne voulais pas y croire. Si le plus vaillant de nous deux avait capitulé, mon destin était tout tracé, et je devais suivre sans tarder. Presque habituée aux nouvelles de cet ordre, ma mère m'a expliqué que son cancer était « plus méchant » que le mien, et que Lucas était condamné depuis le début : on me l'avait simplement caché. Et même sa mère, Madame « Il y a de l'espoir », savait pertinemment tout cela. On n'avait pu que prolonger de quelques mois la vie de son trésor. La nouvelle m'avait scié en deux. J'étais loin. Perdu. Sans mots. À l'hôpital, j'arpentais les couloirs à la recherche de mon ami, le confondant souvent avec d'autres, croyant l'apercevoir au détour d'une allée. Mais Lucas n'était plus là. On avait changé les draps de sa chambre. Et je restais muet à pleurer son visage. Lors de ses funérailles – les premières auxquelles j'assistai –, l'*Ave Maria* résonna dans l'église comme un cri de détresse : je me sentais coupable de vivre, coupable d'être encore là. J'aurais donné ma vie pour que la sienne continue. Pour qu'il entre au collège. Qu'il tombe un peu amoureux. J'en voulais au monde entier. J'insultais Dieu en cachette. Au terme de la cérémonie, ma mère s'est approchée de Jeanne – la mère de Lucas – avec une idée précise en tête. Comme Lucas avait un jour complimenté ses boucles d'oreilles, elle les lui tendit, dans l'espoir qu'elle glisse les bijoux dans le cercueil, et que l'enfant les emporte dans l'éternité. Confuse, Jeanne comprit la chose de travers, et enfila à la place les boucles de ma mère. Devant cette scène affligeante, devant la maladresse de ces deux mères qui souffraient, ma peine à moi se transforma d'un coup en une nouvelle fureur : je devais vivre. Pour lui, pour elles, pour tous ceux qui n'auraient pas ce luxe. J'avais une mission à remplir. Et je la remplirais. Lucas venait de me réveiller.

J'ai couru comme un fou, mes non-cheveux au vent

À compter de ce décès, tout s'est accéléré : je ne me plaignais plus, j'avançais. Tête baissée, corps et cœur comprimés, je me pliais sans grogner à l'infamie des traitements. J'avais retrouvé de la force, une force aveugle et incompressible qui me poussait vers la lumière. Il fallait que je sorte de là. Alors j'ai enchaîné : deuxième cure, troisième cure, quatrième cure. Au terme de mon dernier voyage à Gustave-Roussy, j'étais pâle comme un moine et maigre comme un roseau. Je n'avais sur le crâne qu'une mince flotte de cheveux qui menait une admirable résistance. Mais ce n'était rien : j'étais juste en train de payer la facture de ma vie d'après.

Une fois la chimiothérapie terminée, je fus convoqué pour trente séances de radiothérapie réparties sur deux mois. Au préalable, on m'avait inséré dans la tête quatre vis en acier, apparemment indispensables à la logistique du traitement. Je n'ai jamais fait retirer ces écrous.

Aujourd'hui encore, il arrive que je sonne à la sécurité des aéroports, à la surprise de tous les bons vigiles. Lors de ma première visite à Orsay, sorte de Silicon Valley de la lutte contre le cancer, je compris rapidement que cette nouvelle étape ne serait pas plus commode que le reste des festivités. Pendant une demi-heure, installé sur une énorme machine, je fus chaque jour bombardé de rayons gamma aussi précis que le diable, censés décourager mes cellules folles de se manifester. Mais chaque séance me rapprochait un peu plus de la fin. Bientôt, je retrouverais tout ce qui m'avait manqué : le bruit tonitruant de la cour de récré, les rumeurs, le regard indifférent des filles que j'aimais à la chaîne, les cigarettes fumées à l'ombre des rues, les mauvaises notes que l'on cache au fond de son cartable. Ce serait fort, d'être de retour. Pour l'instant, j'étais pareil à l'un de ces enfants de la lune que le jour décourage. Ma vie ne tournait autour que d'un axe : celui de ma guérison.

Et puis un jour, enfin, ce fut fini. C'était l'été, il faisait chaud. Le Dr Cithare m'annonça dans un sourire que le protocole avait touché à sa fin, et que j'étais libre. BOOM : libre. J'ai couru comme un fou, mes non-cheveux au vent. Une grande respiration, et puis les larmes. Un an après mon diagnostic et la fête des Morts, j'étais de retour en bombe parmi les vivants. Évidemment, le Dr Cithare nuança son propos ; au début, les bilans seraient très fréquents, et on ne me considérerait en rémission complète qu'après dix ans de contrôles négatifs.

Croyez-le ou non : j'ai atteint l'échéance. Pendant dix ans, de mes douze à mes vingt-deux ans, je me suis soumis à des IRM par paquets, le cœur serré, redoutant chaque fois le pire. Mais le pire n'est jamais revenu. Du moins, pas sous cette forme.

J'avais désappris à vivre

Du cancer, j'ai gardé une immense cicatrice à l'arrière du crâne. Un grand trait blanc qui me parcourt, et que les coiffeurs ne manquent jamais de remarquer : « Dites donc ! C'est un sacré bobo que vous avez là ! Je vais essayer de la cacher, ce sera mieux. »

Quelques mois après la chimiothérapie, mes cheveux ont repoussé en bataille, plus sauvages que jamais. La calvitie ne sera jamais mon souci : c'est que je l'aurai connue avant tout le monde, et pas à moitié.

J'ai continué à voir double pendant des années, sans que personne le sache. Je louchais, mais à l'envers. Mon œil gauche voulait fuir, quitter ce regard dont il était l'employé. Aller un peu à l'ouest, conquérir l'Amérique. En classe préparatoire, lors de mes plus longs examens, je portais un cache, et ne composais que d'un œil. Pirate de misère, borgne d'infortune : tout à la fois. Je n'y pouvais rien faire. Mes deux yeux ne s'entendaient plus.

À vingt ans, je me suis emparé du dossier, osant enfin avouer que je voyais de traviole. Je fus opéré par l'un des plus éminents ophtalmologues de Paris, qui sectionna l'un des muscles de mon œil malade pour empêcher sa fuite et redresser mon regard. On installa des prismes dans mes lunettes, pour m'aider à me concentrer. Grâce à eux, j'avais comme retrouvé la vue. Le monde n'avait plus qu'une seule et unique version.

Une grande balafre et un regard revêche : voilà ce que le cancer m'avait laissé en héritage. De retour à l'existence normale, je me sentis d'abord étranger à tout. J'écoutais les discours des mieux-disants – ceux qui m'encourageaient à « vivre à fond », maintenant que j'avais vécu « ça » – avec un nœud dans la gorge. Vos gueules. J'avais désappris à vivre. Je devais tout reprendre, à commencer par les fondements. Je crois que c'est à ce moment précis de mon existence que je me suis mis à courir. À courir après ma propre vie, tout le temps, tous les jours. J'étais de retour, et j'avais du retard : *game on, bitches*.

Partie 4

Malédictions

« Il n'y a pas de garantie, en chirurgie »

« On est maudits, on est maudits ! » répétait sans cesse ma mère à mon retour de Rome, n'arrivant pas à croire à ma nouvelle gamelle, et tandis que le chauffeur de taxi cherchait maladroitement à la rasséréner. Étendu sur ses genoux, je pensais à l'Italie, à Hautbois, à Louise, à mes élèves, à tout ce que je venais de perdre, et à tout ce que j'allais subir. Rome brisée, fesses brisées : retour à l'envoyeur.

Maudits, d'accord, mais par qui ? Quelle était donc la force qui me voulait du mal ? Quel diable avait misé sur mon effondrement ?

Je commençais à me poser de sérieuses questions. Pour une seule existence, cela faisait tout de même un paquet d'embarras. Mes pensées se noircirent peu à peu. Étais-je fiancé à la malchance ? Dans ces moments de doute, un réflexe sauve : regarder autour de soi, dans la chambre d'à côté. L'infortune est partout. Le pire, c'est que personne n'est maudit, parce que personne n'est aux commandes.

La foudre ne s'explique pas. Elle a les yeux bandés, voilà tout ce que l'on sait.

Il n'y a pas de malédiction. Nos corps sont juste un peu fous. On n'est pas bien foutus. Nos cellules font la gueule, déraillent, débloquent, tirent la tronche ou se mettent en grève, toutes pressées de quitter le navire ou de le saboter. Et rien ne sert de se plaindre : c'est qu'il n'y a personne au bout du fil.

Pas mort. Mais presque. Pour moi, c'était tout comme. J'aurais peut-être préféré, d'ailleurs. « Il n'y a pas de garantie, en chirurgie, monsieur Krastev. » C'est là tout ce que le Dr Hautbois avait trouvé à me dire en me voyant de nouveau débarquer dans son service le vague à l'âme et les fesses en sang.

Dix ans après, le drame était de retour. J'avais décidément un corps plein de délires. Où les microbes dansent et les os se bousculent. Un de ces corps qui disent non, que la vie rebute. Encore une fois, on s'apprêtait à m'ouvrir, à me triturer, à me nettoyer, à me désinfecter, puis à me recoudre comme une écharpe, et on ne pouvait pas dire que cela suffirait. « La médecine, cette merde », écrivait Céline. Sur ce point précis, je commençais à lui donner raison.

Les voisins d'infortune

Je fus donc opéré le lendemain de mon retour, et réinstallé dans la même chambre que j'avais quittée en trombe deux mois auparavant. Et ma nouvelle hospitalisation commença sur les chapeaux de roue : alors que je m'attendais au calme d'une chambre solitaire, on me fit savoir qu'il n'en serait rien. J'aurais à subir la compagnie d'un voisin. D'un voisin, ou plutôt de mille, puisque mon séjour durerait plus d'un mois, et qu'ils ont eu le temps de défiler, les colocataires. D'abord, il y eut M. Giraud. C'était un homme de soixante-dix ans, tout juste opéré d'une tumeur à l'estomac, échoué dans mon service à la suite d'une erreur administrative. D'emblée, nous nous étions compris, et n'avions pas besoin de beaucoup bavasser pour bien nous entendre : entre fragiles, tout est plus simple. La femme de M. Giraud était d'une fidélité sans pareille. Elle venait tous les jours à la même heure, passant la journée au côté de son mari, le bécotant de temps à autre. J'entendais les bruits de bouche à travers le paravent qui séparait la chambre en deux. Je les enviais un peu.

M. Giraud, lui, n'avait pas honte d'être faible. Il dormait beaucoup, attendant tranquillement que le rideau tombe. Il se savait fini, et n'y trouvait pas grand-chose à redire. En lui plus rien ne répondait plus. Un matin, il s'est fait dessus quatre fois. Même s'il ne pouvait pas s'en empêcher, il se sentait obligé de me prévenir à chaque nouvelle éruption : « Oh non, monsieur Nicolas, ça recommence. »

Au cours d'une discussion, je lui avais confié mon histoire, contant dans les grandes lignes le nombre de mes vacillations. Halluciné par mon infortune, il me souffla alors une idée des plus étonnantes : « Vous devriez raconter tout cela dans un livre, monsieur Nicolas. » Le lendemain, il est retourné au service d'oncologie, là où était sa place. En partant, il m'a salué d'une main pudique, me souhaitant bonne route. J'ai promis à sa femme de leur rendre visite dès que je serais guéri. Ce n'était pas gagné.

C'est un jeune homme de vingt-trois ans qui remplaça M. Giraud. Je l'ai tout de suite senti : ce bigot était bavard et semblait déterminé à fendre ma tranquillité. Dès son arrivée, il s'est mis à m'interpeller, me bombardant de questions inutiles, balbutiant banalité sur banalité. J'aurais voulu lui dire, moi, que je n'avais aucune envie de discuter. Mais ç'aurait été la guerre ; et j'ai toujours été un peu lâche. Alors, j'ai courbé l'échine, évitant d'ajouter de l'eau à son moulin à paroles. Ce n'est qu'après trois jours de contorsions et un départ bien attendu que j'ai retrouvé mes aises. Trois dignes voisins succédèrent en dix jours à la pie bavarde : Samir, un policier de trente-huit ans,

Moussa, un jeune sans cesse rivé sur son téléphone, et Luc, un maçon muet comme une tombe. Vous l'aurez deviné : j'aurais aimé avoir une voisine, histoire de rêver un brin. Mais même à l'hôpital, les hommes sont trop dangereux. Et j'allais en avoir la plus belle des démonstrations.

La paluchade nocturne de mon colocataire

« La barbe, les blouses blanches ! » Voilà ce que répétait à tue-tête mon nouveau voisin, à peine installé dans le lit d'à côté. Francis était un homme de cinquante ans. Il arborait une étonnante crête iroquoise. Sa lèvre inférieure était fendue, et pendouillait sur son menton. À peine eut-il ouvert la bouche que j'avais compris la chose : il était complètement fou. Il parlait haut et fort, alpaguait les infirmières comme des domestiques, pestait contre les médecins, et un peu contre tout, d'ailleurs. Si son repas tardait à arriver, il se cabrait et insultait Jésus. Le soir de son arrivée, il s'est étendu devant la télévision : *Sissi impératrice* passait sur la 2. Au bout de quelques minutes, il s'est mis à maugréer quelque chose, en grognant à moitié : « Hmm, Romy Schneider, grosse cochonne. » Moi, apeuré, je me faisais miniature. Quelques heures plus tard, au beau milieu de la nuit, il a allumé toutes les lumières de la chambre, ayant comme décidé que nous avions assez dormi. Agacé, j'ai vite tout rééteint. Il faut croire que je n'aurais pas dû : « Qu'est-ce qu'il me veut, le marbré ? »

Pour éviter tout conflit inutile, j'ai feint le sommeil. Mais vers cinq heures du matin, je fus de nouveau réveillé par des bruits en saccade, des bruits de légers frottements dont l'origine ne faisait aucun doute : mon bon voisin se masturbait. Il exulta dans un cri féroce, et se rendormit tout net. À l'aube, j'appris qu'il avait fait son affaire sous les yeux d'une infirmière, obligée d'assister à la paluchade nocturne de mon colocataire. Vent debout, les cadres du service sont venus l'interroger. Francis perdit très vite ses nerfs et me prit à témoin : « Dis-leur, toi, que je me suis pas branlé. » Silence dans la pièce.

En comprenant que je ne le couvrirais pas, l'homme à la crête s'est jeté sur moi : « Fils de putain ! » Comme j'avais un immense pansement au niveau des fesses, il eut alors l'idée d'un authentique mot d'esprit : « Avec ta couche, tout Paris a dû te passer dessus. » Venu en découdre, il me cracha au visage. Tout le service accourut pour empêcher le duel. Rapidement, on m'isola dans une pièce verrouillée, et le bon Francis fut renvoyé chez lui. Moi, j'étais mort de trouille. Et triste à n'y pas croire. Ma vie romaine, brisée en mille morceaux, éparpillée sur le sol de ma rechute, venait de laisser la place à un étonnant défilé de cas.

L'oubli, ça vous allège

Le cancer a eu sur ma mémoire un effet étonnant. J'ai perdu les souvenirs de mon enfance. Perdu les traces de toutes mes premières vies. Pendant des années, j'ai eu la certitude d'être né à douze ans. Ma vie avait commencé par le pire, et rien auparavant n'avait vraiment existé. Un trou noir, un trou noir et sans issue : voilà ce qui avait pris la place de ma prime jeunesse.

Il m'a fallu du temps pour retrouver en moi l'enfant qui s'était perdu. Pour me souvenir un peu de ce que j'étais. Aujourd'hui encore, toutes les informations que j'ai glanées à mon propos restent vagues et brouillonnes.

J'aimais les dinosaures, les timbres et le football. Surtout le football. Le jour où Zidane a posé sa tête sur le torse de Marco Materazzi, j'ai cru mourir. Je vouais aussi un culte à Lionel Messi et au FC Barcelone. Je soutenais les grandes équipes, celles qui ne déçoivent jamais.

Un jour, le plafond de notre cuisine s'est effondré d'un coup. Il y avait de l'eau partout. Les pompiers sont venus.

Le voisin d'en haut s'était endormi dans son bain. Il n'y a pas survécu.

Je me souviens des quatre fois où mon père m'a annoncé qu'il allait avoir « un nouvel enfant ». Toujours au téléphone, avec les mêmes mots – « Tu vas être grand frère. Tu es content ? » – et des quatre fois où j'ai dû l'avouer à ma mère : « Papa va être papa. »

À l'école, quand les professeurs rendaient les copies d'examen, c'était toujours le cirque dans mon estomac. Avoir une mauvaise note, ç'aurait été perdre l'estime de mes parents, trahir le pari qu'ils avaient fait en me mettant au jour. Un mot d'ordre, surtout : ne pas faire de vagues. Alors, pour eux, j'ai toujours eu des bonnes notes. C'est que les mauvaises, je les mangeais.

Souvent, à la nuit tombée, je passais des heures dans le lit de ma mère, essayant désespérément de la consoler, m'essoufflant à lui dire qu'elle n'était pas seule, qu'elle aussi allait finir par « refaire sa vie ». J'écoutais les voitures qui passaient dans la rue, une à une, étouffant ces sanglots auxquels je ne pouvais rien.

À huit ans, j'ai aimé pour la première fois. Une Lola. Une Lola qui ne m'aimait pas, et qui a choisi un Gaspard. J'en fus sonné, mais surtout très honteux. Je n'avais pas été élu.

Voilà : des années de travail pour quelques paragraphes, pour quelques bribes éparses et mal ficelées. En un sens, tout cela n'est pas plus mal. L'oubli, ça vous allège. Et chacun finit de toute façon par inventer sa vie.

Les murs de ma chambre ne me verraient pas périr

Enfermé à l'hôpital, je constatai avec dépit combien la vie des autres, celle de mes amis, continuait d'avancer.

Au fil de visites successives, j'apprenais par exemple qu'untel avait trouvé un nouveau travail; qu'unetelle vivait une histoire d'amour passionnée, dont je n'avais eu d'autre choix que d'écouter les détails; qu'un autre partait vivre au Népal, à dos d'âne. Les nouvelles affluaient. J'étais devenu un spectateur. Un témoin immobile du monde comme il va. Pas jaloux pour un sou, j'essayais toujours de me montrer ravi : « C'est formidable ! », « Très content pour toi ! », « Tu le mérites ! ». Satisfaits, les passants s'en allaient, heureux de m'avoir réconforté pendant une petite heure, retournant sans tarder à leur propre épopée. Ulysse m'avait prévenu. Personne en effet ne m'avait attendu.

Allongé sur mon lit mécanique, j'avais, il faut le dire, très peu de vie devant moi. Alors il a fallu que je rêve. Que je m'échappe vite, là, tout de suite, par le chemin des songes. Que je trouve de l'avenir, de l'avenir qui tonne et construise un palais. Et c'est lors de cette fuite qu'un miracle a frappé. J'ai découvert l'existence de Dua Lipa.

J'ai toujours été sensible à la célébrité. J'ai en effet l'idiot pressentiment que les *célèbres* savent des choses que nous autres ignorons. Qu'ils ont percé le mystère de nos matins fébriles et de la grande tristesse. Mais avec Dua – voilà que je l'appelle par son prénom – j'allais vivre une aventure d'un tout nouvel ordre. Celle de l'amour imaginaire.

Un matin, tandis que je faisais défiler sans envie l'un de mes innombrables « fils d'actualité », j'ai vu surgir son visage. D'un coup, sourire. Violent coup de tonnerre dans l'organisme. Imagine-t-on quelqu'un qui donne tant envie de vivre ?

Je suis tombé amoureux de la femme la plus célèbre au monde. D'une personne qui ne saura jamais que j'existe, que je me réveille au milieu de la nuit, que je n'ai plus de fondement. Peu importe. Cette passion solitaire m'a rappelé au jour. Dua, c'était mon envie de vivre, de reprendre place, de me lancer à corps perdu à la conquête de tout.

Chaque jour, je me réveillais avec une idée précise en tête : me rendre digne d'elle. J'étais décidé. Je deviendrais un homme pour Dua, pour Dua qui ne me connaîtrait pas. Tant pis ! J'avais un nouveau rêve. Les murs de ma chambre ne me verraient pas périr.

On s'accroche décidément à ce que l'on peut. Moi, c'est à elle que je me suis accroché. Et à un amour sans nom, sans substance ni adresse postale. Mais avec dedans, bien fixée, une fenêtre ouverte sur la vie.

Ce qu'il reste de nous-mêmes

Après mon retour de Rome et un hiver passé à hiberner dans les couloirs de l'hôpital Saint-Antoine, ma situation ne s'améliorait guère. Malgré la nouvelle opération du Dr Hautbois, j'avais toujours une plaie massive au niveau de mon regretté coccyx, et rien ne semblait pouvoir me rendre la santé. Mes relations avec mon chirurgien allèrent en empirant, puisque j'avais fini par comprendre que c'était sa nonchalance – dès la première opération – qui me coûtait désormais si cher. Lui, lâche comme pas deux, m'évitait soigneusement, et refusait de prendre à bras-le-corps mes péripéties. Quelques jours après ma libération, et tandis que je m'étais réinstallé chez moi, je me suis encore désuni : ma plaie s'était fendue en deux.

Paradoxalement, c'est ma santé psychique qui a le plus pâti de ce nouvel échec : assailli par une foule de troubles obsessionnels, je ne dormais presque plus. Le goût des choses m'échappait. « Quelle est votre activité ?
– Je déplore. » Un jour que j'annonçai à ma mère vouloir prendre des antidépresseurs, ou n'importe quel

médicament susceptible de me voiler un tant soit peu la face, elle eut ce mot cruel de vérité : « La réalité est noire, Nicolas. Les médicaments n'y feront rien. » Sur un point, elle avait raison : les choses n'allaient pas dans le bon sens. La situation était figée dans un temps sans espoir. Ma vie, annulée, disloquée. J'avais perdu le cap.

À court de solutions, le Dr Hautbois avait proposé – sans grande conviction – de me recoudre rapidement : un jour de février, il me fit donc venir dans son maudit service, et tissa quelques points de suture entre mes deux fesses. C'était absurde et presque drôle. Il venait de cacher la poussière sous le tapis, sous le mince tapis de sa petite couture. Au sortir de cette farce, je me souviens de m'être rendu à l'exposition de ma sœur, intitulée « Ce qu'il reste de nous-mêmes », dont le thème épousait parfaitement ma situation actuelle. Elle m'avait proposé de venir y lire un de mes textes, si j'en avais la force. Claudiquant, encore un peu sonné par la charge de l'anesthésie, j'y suis allé, soucieux de ne pas la décevoir. Et j'ai lu mon texte :

J'ai le corps en vrac, j'ai le corps en grève,
Le corps tic-tac, badaboum, pic et pic et colégram
Le corps frappadingue ou bien taratata
Le corps sur la main et le corps sous la Manche
Le corps mal éteint d'un volcan en vadrouille,
ou celui renversé d'un cirque itinérant
Le corps à l'ouest et le corps Atlantique
Le corps à l'égal de toutes les mers du monde, immense et ridicule.

J'ai le corps plein les poches
et le corps plein de toi
Plein d'étoiles qui se meurent
De t'avoir traversée.

J'ai le corps qui change et le corps qui tourne
Le cortège est passé
et je n'ai rien vu d'autre
que mes balbutiements
que cette ronde étrange
que ce peuple
effacé disparu ou bien assassiné
qui écrit sous ma peau
un roman inachevé.

Il y avait du beau, dans ce cauchemar. Ma famille était là, heureuse de me voir sur pied, oubliant un instant que la réalité était noire. Voilà donc ce qu'il restait de nous-mêmes : quelques mots suspendus à Paris, un soir d'hiver, une mince respiration, et la force des dernières heures.

Une île nommée Nina

La couture de mon malheureux tisserand n'a pas tardé à céder. On n'éteint pas un feu avec de la salive. Il y avait toujours à la place de mon os une troupe de bactéries. Alors j'ai pris l'une des meilleures décisions de ma vie ; j'ai claqué la porte du Dr Hautbois. J'ai levé le camp dans un accès de rage. Je ne pouvais plus le supporter, *Monsieur J'enlève-trois-coccyx-par-semaine.* « Advienne que pourra : je ne veux plus être votre patient. » Voilà les derniers mots que je lui ai adressés. Je pense qu'il en fut soulagé. C'est qu'il s'en foutait bien. Moi aussi, d'ailleurs. J'avais abandonné l'espoir de guérir, et comptais bien vivre malgré ma plaie. Et tant pis pour la grande santé.

C'est alors que j'ai rencontré Nina. À une soirée, étendu à demi sur un canapé – puisque je n'avais tout de même pas le courage de m'asseoir – je regardais les gens s'agiter, tous envolés dans de petits paradis artificiels. Nina est venue s'asseoir à côté de moi. Je ne la connaissais que de vue. Elle était la cousine de mon meilleur ami. Nos premiers échanges furent pour le moins ratés : elle m'avait trouvé – elle me l'avouerait plus tard – provocateur et agaçant. Moi, cogné par sa beauté, j'en avais trop fait. Je lui parlais sans détour, aussi brusque que maladroit. Malgré mes frasques, Nina me regardait avec une sorte de douceur dont j'avais perdu l'habitude. Mon petit numéro ne la dupait en rien : elle avait vu en moi comme dans une chambre claire.

Après cette première rencontre pour le moins bancale, je cherchai par tous les moyens à revoir mon étoile. Nina m'avait redonné goût au jour. Très vite, je fus alerté par son cousin d'un problème d'envergure : elle était déjà prise. C'était une femme en couple. Verrouillée, impossible. Je le savais pertinemment. Pourtant, en grand idiot volontaire, j'ai persévéré, convaincu que je pourrais la faire dévier du monde qu'elle s'était construit. C'était bête, orgueilleux, et tout à fait dépourvu de bon sens. Exactement ce qu'il me fallait : un nouveau gouffre où me jeter, et oublier enfin la faille que j'avais dans le dos, le trou noir et sans issue qui n'arrêtait pas de me perdre.

Complètement piqué, j'ai donc commencé à voir Nina de plus en plus souvent, à l'occasion de longues promenades dans Paris, d'expositions dont les tableaux m'intéressaient mille fois moins que ma partenaire de visite, et de cafés interminables où nous nous racontions l'envers et l'endroit de nos vies passées. *Dans les rues de la ville il y a mon amour* : je comprenais enfin ce que le poète avait voulu dire. Nina était partout, et remplaçait petit à petit la peau fragile du monde. Pour elle, les choses n'étaient pas aussi simples ; puisqu'elle n'était pas libre, elle jetait un œil coupable sur les moments que nous passions ensemble. Et mon apparition était venue exacerber les doutes qui la touchaient déjà. Alors, après plusieurs semaines d'une amitié limite, elle a annoncé à son compagnon vouloir faire une pause, prendre du temps pour elle, et toutes les choses que l'on murmure quand l'ailleurs nous appelle. Miracle : notre idylle allait enfin pouvoir commencer.

Juste après avoir envoyé paître le Dr Hautbois, j'avais aussi décidé de ne plus vivre chez ma mère. C'est que la pauvre était à bout de forces. Alors, j'avais voulu disparaître. Me cacher. Aller affronter seul mon absence de fortune. J'avais loué une minuscule chambre à Abbesses, au pied du Sacré-Cœur, au milieu des touristes et des vendeurs de crêpes. Ce fut à ce moment précis, pour Nina et moi, que le bonheur débuta. Le désir avait gagné, et le voilà qui éclatait au grand jour, sans honte ni retenue. Le printemps était arrivé. J'étais drôlement amoureux.

Avec Nina, le quotidien s'était transformé en une fête de tous les instants : on virevoltait, il n'y a pas à dire. Tout était sujet au commentaire, au rire, à la parole en l'air. Après chaque journée passée ensemble, nous avions pris une habitude étrange : celle de lister sur un papier, point par point, tout ce qui nous avait marqués, tout ce dont on se souviendrait, tout ce que l'on ne voulait pas oublier. C'était notre façon à nous de ne pas laisser s'enfuir la beauté, de fixer comme on le pouvait ce qu'il y avait entre nous de grand et d'inégalable. Je passais désormais la majorité de mon temps avec elle : j'étais pareil à l'un de ces touristes émerveillés qui peuplaient mon quartier, sauf que je me fichais de Paris, car c'était une femme que je découvrais, une femme immense, interminable. Qui donnait foi en tout. Qui était mon avenir.

J'avais complètement disparu. Ma mère ne me voyait plus. Mes amis s'inquiétaient. Je ne jurais plus que par Nina, que par ses hanches et ses cheveux, que par les plis de son sourire. J'étais bête d'amour et idiot de désir. Elle était apparue dans ma vie au moment où plus rien ne me tenait à la terre. Ma chute libre avait pris fin. J'avais trouvé une île : une île nommée Nina.

L'impossibilité d'une chaise

À compter de ma première opération, je ne me suis pas assis pendant deux ans. Pour ne pas spolier mes chances de rémission, et éviter surtout d'abîmer ma plaie, les médecins m'avaient formellement interdit toute « station assise sans décharge ». De toute façon, je sentais bien que cela ne ferait qu'aggraver les choses, et que mon corps n'était pas prêt.

Je n'avais donc pas le choix : j'ai commencé à vivre debout, raide comme une saillie. Je travaillais debout comme un Suédois. Je dînais sur le flanc à la romaine. J'allais aux toilettes sans m'asseoir, à la manière d'un Turc. Je n'avais pas de socle, et je devais faire avec. À force de ne jamais poser mes fesses, j'étais plein d'une courbature infinie. Condamné au mouvement, inapte à prendre place, je n'avais plus de lieu d'où contempler les mers, et toutes les chaises du monde m'étaient devenues hostiles.

C'est pendant ces deux ans d'invalidité que j'ai compris à quel point nos sociétés aimaient l'assise. Partout, dans les métros, les restaurants, les cafés, les salles de classe, les cinémas, les administrations, les plateaux télévisés, les cantines et les églises, les stades de tous les pays, on pose ses fesses. On s'écrase, on se tord en deux. On s'enfonce dans les sièges. C'est comme ça paraît-il que l'on profite de tout. En jalousant ces gens qui avaient droit au trône, je compris enfin le mépris de Rimbaud pour les *Assis*, lui qui n'avait fait qu'aller, que de se projeter par les mots dans un monde sans certitude : « leurs pieds aux barreaux rachitiques / S'entrelacent pour les matins et pour les soirs ! [...] / Et, de l'aurore au soir des grappes d'amygdales / Sous leurs mentons chétifs s'agitent à crever. »

Pour me rassurer, on me parlait de Frida Kahlo, elle qui avait recréé le monde depuis son lit, privée de sa colonne. Elle était mon modèle, ma sœur de déchirure. Avec l'entraînement, je me suis adapté : après quelques mois de cette nouvelle vie, je pouvais tenir debout pendant des heures. Marathonien par défaut, j'avais des jambes de fer et une colonne d'acier.

Un homme vertical : voilà ce que j'étais devenu.

Cesser de vivre en elle comme une bête égarée

Mon idylle avec Nina n'a pas tardé à se casser la figure. Tout était allé trop vite. L'amour, les promesses, la fusion : tout. J'avais misé ma fortune sur cette relation qui devait me sauver. Et même Nina n'avait pas la force de me tenir debout.

D'un jour à l'autre, j'ai senti ma parenthèse se fissurer, craqueler du dedans, et menacer de m'éclater au visage comme un rire de détresse. Ce qui la veille était immense venait de se transformer en une terreur nocturne. Le monde s'était mis à vaciller comme une ville que guette un séisme. Alors, j'ai pris les devants : j'ai libéré Nina de la masse que j'étais. Je devais me bâtir seul. Et cesser de vivre en elle telle une bête égarée.

La rupture consommée, je redécouvris la tiédeur des matins de pluie. J'écoutais Saez pleurer Messine, et pleurais bien souvent avec lui. Pendant deux mois, Nina avait été ma seule réalité, le seul corps qui vaille et mérite que l'on vive. Sans elle, le vertige. Et je n'ai même pas eu le temps de m'éterniser sur ma peine. Car c'est un autre danger qui me guettait.

Au fil des semaines, j'avais complètement négligé ma plaie. Avec Nina, je feignais la santé et détournais le regard. Si je sentais bien que la messe n'était pas dite, et qu'il se tramait toujours quelque chose de sombre en mon bas-dos, j'avais excellé dans le déni. « Tout va bien ! » écrivais-je chaque jour à ma mère : foutaises. J'étais amoureux, pas du tout guéri.

Quelques jours après notre séparation, mon état a considérablement empiré. Ce que j'avais enfoui, ou cru enfouir, venait de refaire surface, avec autant de bruit qu'une manifestation qui dérape. Là, encore, le même cirque que chaque fois : du sang plein les fesses et des douleurs qui vous cassent. J'avais une seule certitude. Je ne retournerais pas pleurer auprès du Dr Hautbois. Si tout s'était écroulé dans un joli marasme, une chose était actée : je ne me ferais plus avoir.

Partie 5

Le lambeau

Le lambeau

Il fallait que je cicatrise, et j'étais prêt à tout. Plein de l'énergie du désespoir, la plus belle de toutes, je me suis présenté sans rendez-vous au service du Pr Piano, l'éminent spécialiste français de la peau, connu pour avoir scindé deux siamois, ou encore pour avoir pratiqué la première greffe *totale*. Il était l'homme des miracles, et il m'en fallait un. Ainsi, sans prévenir personne, je me suis faufilé dans l'hôpital Saint-Georges, espérant que ce nouveau patron me réussirait mieux que le précédent, et me suis introduit au service des grands brûlés et de la chirurgie reconstructrice, celui que dirigeait Piano. Les larmes aux yeux, j'ai supplié une secrétaire de me donner un rendez-vous, bégayant sans clarté la nature de mes troubles. Par chance ou par pitié, on m'accorda un entretien deux jours plus tard : l'audace allait peut-être payer.

À peine eus-je rencontré le professeur que je compris qu'il était aux antipodes des médecins que j'avais jusqu'alors connus : grand, élégant, il avait le regard calme, plein d'une tendresse qu'on ne soupçonne pas ;

il parlait distinctement, en vous fixant dans les yeux. En quelques mots, il avait compris ma situation. Après avoir examiné mes fesses, comme l'avait déjà fait la moitié de Paris, il me proposa un plan d'action. Il voulait pratiquer une greffe – un lambeau de rotation – au niveau de ma plaie ouverte. Le principe était simple : on remplacerait ma peau infectée par de la peau saine, prélevée sur ma fesse droite. J'étais donc parti pour un nouveau voyage. Mais je n'étais plus seul à bord : j'avais trouvé un repère en la personne de Piano.

Le 13 juin 2022, j'entrai donc à l'hôpital Saint-Georges en vue de cette cinquième opération. Par miracle, on m'alloua une chambre simple, loin de toute comédie humaine. Quelques heures après mon arrivée, le professeur m'a rendu visite, et m'a proposé une partie d'échecs, ayant appris par ses assistants que c'était là une de nos passions communes. Par superstition, ou par crainte de l'indisposer avant qu'il ne me triture, je l'ai laissé gagner. Il me salua poliment, et me dit de ne pas m'inquiéter : ici, il ne pouvait rien m'arriver. Le lendemain, je fus donc emmené en salle d'opération, suivant la procédure habituelle que j'ai fini par ne même plus craindre. C'est qu'on s'habitue à tout, et encore plus au pire.

Misanthrope, mais jamais jusqu'au bout

La vie hospitalière est d'une lenteur impitoyable. Tous les sabliers vous narguent. Les instants s'étirent, impitoyables. Rien à faire, rien à attendre.

Pourtant, dès l'aube, c'est tout le service qui s'agite dans une grande cacophonie. Le soleil n'est pas levé que c'est déjà le souk. Les portes claquent, les voix résonnent. Les tensiomètres sonnent sans relâche. Et toutes les boules Quies du monde ne sauraient rien y changer. C'est à vous faire envier le cimetière. « On ne peut donc pas mourir en paix ? » ai-je souvent eu envie de crier depuis mon demi-sommeil alors qu'une infirmière venait de pénétrer la fleur au fusil dans ma chambre. « Bonjour, monsieur Krastev ! Comment ça va, aujourd'hui ? » Je grogne, je peste : elle s'en moque. « J'ai besoin de vous prendre un petit peu de sang, monsieur Krastev ! »

Dans la matinée, les différents médecins déboulent et se succèdent pour la visite réglementaire. Parfois, c'est toute une troupe qui se présente pour voir comment je souffre. Six personnes regardent mes fesses, interloquées, curieuses, d'une mine faussement académique. « C'est un cas d'école ! » lance le chirurgien à ses internes. Devrais-je être honoré ?

Après ce défilé, arrive l'heure du pansement. D'abord, j'attends sagement l'infirmière. Mais, très vite, comme elle ne vient pas, ou toujours trop lentement, je m'agace. Je tourne en rond, je me promène à moitié nu dans les couloirs à sa recherche, histoire de lui rappeler que j'existe. Mais que peut-elle bien fabriquer ? Dans ces moments-là, je me rappelle que l'on nous nomme les patients : nous sommes de ceux qui attendent, qui attendent et qui souffrent, qui souffrent d'attendre en attendant de ne plus souffrir. Mais où diable est passée cette infirmière ? J'ai les fesses à l'air, complètement nues face au cosmos, et je ronchonne.

C'est systématiquement au climax de ma colère qu'elle finit par entrer guillerette dans ma chambre : « Je suis là ! Désolée du retard, monsieur Krastev ! » Je masque ma colère et la joue grand seigneur : « Mais aucun souci, voyons. » Misanthrope, mais jamais jusqu'au bout. Mon drame et mon salut.

Pendant les dix jours qui suivirent l'intervention de Piano, je restai quasi immobile, plein de vapeurs, assailli par un déchirement des plus inconfortables. Encore aveuglé par mon enthousiasme, il semble que j'avais quelque peu minimisé l'ampleur de cette greffe. On m'avait bien creusé, cette fois-ci, m'enlevant de la peau par grosses grappes, laissant dans mon corps un trou béant. Désormais, le lambeau devait prendre vie et tessiture. Je n'avais qu'à attendre, et tout irait bien. C'était l'été. Il faisait encore chaud. Et plus chaud même que d'habitude, puisqu'une vague de canicule s'abattait sur la France. Il fallait faire avec.

Après trois semaines de convalescence, de pansements quotidiens et d'espoirs de sortie, j'étais encore planté là, vieillissant à vue d'œil. Quand mes forces furent revenues, je descendis dans le hall de l'hôpital en chemise de nuit, avec mon drain branché au derrière, histoire de prouver au personnel que j'étais prêt pour le soleil. Et toc: a-t-on déjà vu un patient si fougueux? fanfaronnais-je alors en parcourant les couloirs. Un beau matin, tandis que ma sœur me rendait visite, je me suis levé pour l'accueillir, et l'infortune, ayant remonté ses manches, me prit encore par le bras. *Poc, poc, poc*: on n'oublie pas les bruits qui vous tuent. Devant les yeux ébahis de ma sœur, je fuyais de nouveau du fondement.

Je m'écoulais comme un con dans ce trou à mortels

C'était d'un coup qu'il était venu, le sang. Il s'échappait de moi à l'improviste, comme un taulard mal disposé, et se répandait en petites flaques sous les yeux des passants. La moitié de la France était en vacances, et je m'écoulais comme un con dans ce trou à mortels.

Elle ne riait pas, l'hémorragie. Il y avait de l'or rouge plein la chambre. Les médecins allaient et venaient autour de mon lit, pareils à des abeilles dont la ruche vacille : « On tente un compressif ! », « Attendez dehors, madame, s'il vous plaît », « Appelez le chir', il a perdu un litre », « Ne bougez pas, monsieur Krastev ». C'était la meilleure, ça : où je serais allé, moi, sans mes globines ?

Tout s'est très vite enchaîné. Comme je perdais trop de substance, il fallait m'endormir, m'emmener au bloc, et essayer d'arrêter le saignement à la source. En un quart d'heure, j'avais le corps plein de techniques. J'avais toujours voulu être branché, mais à ce point-là, non merci, que j'ai dit aux médecins. On ne se refait pas. Même au bord du péril, je restais un amuseur. Les anesthésistes ont ri, avant de reprendre leur sérieux et de m'envoyer sur Tatooine.

À mon réveil, j'étais couché sur le flanc – mon éternel flanc – dans une salle vide. J'appelai à l'aide, juste pour vérifier que je n'étais pas seul. C'est une jeune infirmière – Mathilde – qui s'est approchée de moi. Elle était belle à n'y pas croire, et me parla d'une voix si douce que je me mis à douter de mon état de conscience. Mais je ne rêvais pas, et j'avais bien devant moi la beauté en personne : j'étais totalement nu, la constitution à l'air, comme on l'est toujours un peu face à ce qui nous emporte. C'était joli, tout cela, mais il fallait que je pisse.

Alors que je lançais mille fleurs maladroites à la belle Mathilde, complètement survolté par la kétamine, j'ai aussi commencé à geindre auprès de Sabine, une autre soignante sexagénaire : « S'il vous plaît, sondez-moi, j'ai la vessie pleine. »

« Je vais dégénérer, si vous m'aidez pas. » En fait, j'avais toujours un mal fou à uriner après les opérations, et il fallait souvent qu'on le fasse pour moi, à l'aide d'une horrible sonde dont je vous passe le détail. D'abord, on m'a pris pour un tire-larmes. C'est seulement après une heure d'attente, et parce que je ne faisais toujours pas, qu'elle m'a crue, Sabine, et que j'ai enfin pu envoyer un litre de substance dans le ballon. Sur le fleuve qui s'amassait dans mon bas-ventre, je n'avais pas menti.

Une fois soulagé, j'ai continué à faire des phrases d'amour depuis mon lit. Dès qu'elle passait, la Mathilde, j'en rajoutais une. Si j'entendais son rire, plaisir, victoire, dissolution. Après le vide, la plénitude. Malheureusement, il a vite fallu retourner dans ma chambre, et la quitter déjà : « Quatrième étage, chambre 4220, lui criai-je alors qu'on m'emportait, rends-moi visite ! »

Voilà. À peine sorti de la nuit chirurgicale, j'avais retrouvé le monde de la plus belle des manières, par le bout de l'urètre, de la beauté et des commencements.

J'habitais un cratère

Après cette nouvelle reprise, j'ai passé trois jours absolument merveilleux : c'est que j'étais complètement *stone*. Assommé par les antidouleurs, je faisais des siestes plus douces que le songe. Chaque mouvement était un monde, chaque pensée, une bénédiction. Surtout, au-dedans, je me sentais grand, vaste, périlleux. J'étais sur le fil du rasoir, et je m'étais mis à danser. Les psychotropes m'avaient plongé dans une ivresse d'un nouvel ordre. Je dessinais l'avenir à grands coups de réflexions ; j'étais un corps libre, un corps libéré ! Je m'étais évadé de moi-même, et je pensais comme on court : à l'air frais et révolté.

Pourtant, j'étais encore cloué là. Et toute la morphine du monde ne pouvait rien y faire. Les médecins m'expliquèrent ce qu'il s'était passé : mon lambeau s'était décollé, et ils avaient été contraints d'en brûler une partie pour que la plaie cautérise. « Tout est sous contrôle, maintenant, pas d'inquiétude », m'avait dit le remplaçant du Pr Piano, parti en congé pendant tout le mois d'août. Tu parles d'un contrôle ! C'était pas du grand football : moi qui m'y connais, je peux vous le garantir.

Ce qu'il faut comprendre, c'est que la plaie était située dans mon fin fond, dans un pli que chaque mouvement étirait. Voilà pourquoi mes cellules n'arrivaient ni à s'unir, ni à bâtir enfin le pont qui m'aurait guéri. Et l'architecture moderne n'offrait aucune solution convaincante. J'étais condamné à l'ouverture, à la merci de toute bactérie qui décidait de s'installer dans mon sillon. Le Pr Piano avait creusé en moi un trou béant. Il fallait que de la peau l'emplisse pour que je me ferme enfin. Avant tout cela, je ne connaissais rien au phénomène hallucinant de la cicatrisation. Blessé ou fendu, je faisais toujours confiance à mon organisme. Là, c'était une autre affaire : j'habitais un cratère. Un vide qu'aucun mot, qu'aucune douceur ne semblait satisfaire. J'avais un gouffre en guise de fesses.

L'autre problème, c'était ma pilosité hors normes. Comme le Dr Hautbois l'avait très tôt remarqué, j'étais très poilu du séant. Et c'est sauvagement que ces poils s'incrustaient dans ma peau, faisant obstacle au moindre progrès. Mes propres poils ! Voilà qu'ils s'étaient retournés contre moi, dans une sorte de mutinerie aveugle, d'inexplicable vendetta. Un cheval de poils : même Ulysse et ses troupes ne l'auraient pas imaginé.

Malgré tout, j'essayais de m'accrocher : après ma sortie de l'hôpital, je devais chaque jour aller à l'hôpital Saint-Georges pour changer mon pansement, y devenant presque le collègue des secrétaires et autres aides-soignants. La procédure était simple : on déposait dans ma plaie une mèche d'algue verte, réputée pour ses vertus cicatrisantes, et on espérait que la peau suive les consignes implicites de ce papier miracle. Je devais cicatriser depuis le fond, et non seulement en surface. Sinon, je me romprais de nouveau, c'était une certitude. Après deux mois et demi d'allers et de retours quotidiens, d'encouragements qui avaient désormais perdu tout leur sens, j'étais toujours fendu en deux, la peau à l'air, et pas fermé pour un sou. Alors, un matin, soudain pris d'un doute quant au bien-fondé de son protocole, Piano s'est effondré. Il m'a avoué ce que je ne voulais surtout pas entendre : il n'y comprenait plus rien et avait perdu le fil.

« Ça n'a jamais été clair, ton truc. Je pense qu'il faut qu'on te réopère. On doit rester actifs, sinon la plaie va gagner. »

Cette fois-ci, c'en fut trop. Pris d'un violent accès de désespoir, j'éclatai en sanglots au milieu du service, laissant ma nature pétrifiée refaire violemment surface. Tous ces efforts pour rien ? Pour que l'on détruise de nouveau mes chairs ? Que l'on retourne au point de départ ? Impossible. Il devait y avoir un autre moyen. La chirurgie m'avait assez déçu. C'est qu'à force de scalpels, j'avais perdu ma vie. Et m'opérer encore, sans aucun plan d'ensemble, c'était perdu d'avance. Je ne me laisserais pas sectionner. Et puis, de toute façon, je n'avais plus aucune force pour quoi que ce soit.

Alléger un peu la terre

Partir. Mais pour de bon. Rendre les armes, une fois pour toutes. Mettre fin à ce calvaire, mettre fin à ces jours qui ne valaient plus rien. Alléger un peu la terre, alléger un peu tout le monde, d'ailleurs. « Se battre ne mène à rien, et je suis fatigué. » Combien de fois ces pensées m'auront-elles traversé ? Assez pour que j'en tremble : c'est que le désespoir a la dent dure. À chaque nouvel effondrement, j'ai pensé à disparaître. Seul maître de ma chute, j'aurais au moins choisi quelque chose.

Je le dis sans honte ni gravité : ces pensées d'adieu ont eu sur moi un effet libérateur, venant presque souffler une brise légère sur les nuits qu'il me restait. Je n'avais plus d'Orient, plus de coccyx, plus de solution concrète : une vie abrégée me semblait convenable. La perspective du suicide me promettait un avenir, fût-il terminal et définitif. J'aurais enfin posé mes fesses dans le lit de l'éternité. On m'aurait fait un joli enterrement, des larmes par-ci, par-là, et chacun aurait repris sa vie. Un corps sur huit milliards, *who cares ?* Et c'est le trou de la Sécu qui aurait exulté : et *hop*, une dépense de moins !

Il y avait cependant plusieurs obstacles à cette retraite anticipée. Je n'ai jamais été très courageux, ni casse-cou au point de me terminer. J'ai un instinct de survie idiot, frénétique, non négociable. Génétiquement malhabile, je n'aurais en plus pas su m'y prendre. Comment passer de l'autre côté ? Sauter par la fenêtre ? Avec le vertige que je me paie, je ne m'en serais jamais remis. La corde au cou ? Je ne connaissais rien à l'histoire des nœuds, et je serais tout juste parvenu à briser le plafond. Les assurances nous seraient tombées dessus. Restaient les cachets : minable. Je n'ai jamais aimé les comprimés. Je les trouve injustes à avaler. Logistiquement, c'était toute une affaire. Que j'aurais eu honte de me rater ! Je ne mentirai pas : le vrai obstacle était ailleurs.

C'est qu'il y avait ma mère.

Plus de souffle pour Maman

Le pire, quand on perd la santé – drôle d'expression, au demeurant – ce sont les proches. S'il n'y avait personne autour, dans votre entourage, qui vous voyait souffrir, tout serait radicalement plus simple.

Malade mais vraiment seul : deux problèmes qui s'annulent, s'allègent mutuellement ; car il n'est pas de plus grande gêne que d'être en peine aux yeux des autres ; encore moins de ceux qui vous aiment ; qui guettent vos moindres sursauts, s'inquiètent, s'inquiètent, meurent presque d'inquiétude ; ceux-là qui voudraient prendre votre galère à bout de bras, endurer votre sort, s'il le fallait, si on le pouvait, pour vous libérer, rien qu'un peu, par gentillesse, par dévotion.

Une chose aussi : malade mais vraiment seul, on n'aurait pas grande raison de survivre. C'est que loin du troupeau, l'instinct s'affaiblit. On se laisserait croupir au hasard des choses, du corps et de ses merdes, et peut-être, qui sait, qu'on n'en serait pas triste. On rendrait l'âme comme on le doit, sans à peine sourciller.

Je n'ai jamais voulu guérir que pour ma mère. Aussi loin que je me souvienne, chaque fois que la foudre des choses s'est abattue sur moi, c'est toujours à elle que j'ai pensé. Ma mère avait passé sa vie à se battre : contre les hommes, les finances, les factures, contre une ascendance détraquée (dont elle fut, soit dit en passant, le seul élément opérationnel), contre les emmerdeurs de tous les continents, les voisins trop bruyants ; contre le monde, en somme. Et elle avait fait tout cela uniquement pour nous deux, ma sœur et moi : ses deux astres, comme elle nous appelle souvent.

Alors, j'ai toujours eu une dette envers elle ; ou, du moins, le sentiment d'être endetté : comme si elle avait sacrifié ses jours pour les nôtres. Toute ma vie, pour me racheter, j'ai essayé de l'épargner, d'être un fils modèle, pas embêtant pour un sou. Il fallait qu'elle souffle. Qu'elle se repose un poil.

C'est peu de le dire : j'ai méchamment échoué. Je n'ai fait que lui ajouter des galères. De l'inquiétude par décharges. À force de m'effondrer, je suis devenu une épine colossale. Bien plantée dans son cœur, l'épine. Quelques jours après le diagnostic de mon cancer, j'ai cru qu'elle mourrait d'angoisse. Plus tard, elle m'a raconté avoir entendu tinter les cloches d'une église en pensant tout haut : « C'est mon fils qu'on enterre. »

Au fil des opérations, des chimios & co, c'est elle qui s'est le plus inquiétée. C'est qu'elle a de la compassion à revendre, ma mère. Et qu'elle a le sens de la tragédie. Je me souviens de son regard, lorsqu'elle implorait les médecins de lui donner une réponse claire, un mot susceptible de l'apaiser un peu : « Docteur, est-ce que mon fils va mourir ? »

Et puis, après le crabe, le coccyx. Ce fut le retour du mal, de l'errance, des jours sans savoir où on allait, de son corps qui s'affaisse, de ses yeux qui s'inondent. Compression maximale. Plus de souffle pour Maman. Souvent, je me suis agacé de cette grande pitié, de cette pente dramatique, de sa façon de souffrir avec moi, presque plus que moi. Alors, par un réflexe inexplicable, je me mettais à l'engueuler.

On supporte sa douleur : on n'oublie pas la douleur d'une mère. Surtout quand elle a le sens de la formule ! « J'ai le cœur nécrosé », avait-elle un jour dit à ma sœur, alors que je repassais une énième fois sur la table d'opération.

Quand je guérirais, ma mère guérirait. Elle avait toujours vécu selon, et il fallait que j'aille bien pour qu'elle survive. Au sortir d'une de mes dernières consultations, prise d'un élan d'optimisme, elle a souri comme je l'avais rarement vue sourire, murmurant cette phrase qui ne m'a jamais quitté :

« On a enterré le malheur. »

Une sorte de FBI des plaies rebelles

Après la proposition de Piano, je suis rentré pour me plonger une nouvelle fois dans les arcanes médicaux du web. Passant de forum en forum, de témoignages en mémoires de recherche, j'ai atterri par hasard sur un article dédié aux retards de cicatrisation du sillon interfessier. Au stade où j'en étais, j'ignore si on pouvait encore parler de retard : il s'agissait plutôt d'un doigt d'honneur à toutes les horloges du monde. Quoi qu'il en soit, le ton apaisé et méthodique de ce papier m'a un peu embaumé. Quelqu'un, quelque part, pensait à ma situation ; la route était balisée. Et peut-être existait-il une issue. Soudain revigoré, je cherchai à me renseigner sur l'auteur de ces lignes.

Le Dr Triangle dirigeait une unité spéciale de cicatrisation à la clinique du Parc. Ce nom m'a tout de suite fait sourire : j'imaginais ce centre comme une sorte de FBI des plaies rebelles, armé jusqu'aux dents contre les crimes de la peau. Alors, j'ai appelé Piano, déclinant poliment son idée de chirurgie, et j'ai pris un train pour Lyon. Le lendemain, j'étais dans la salle d'attente de la clinique, et le Dr Triangle me reçut gentiment.

À la vue des affiches et autres prospectus qui décoraient son bureau, je compris très vite que cet homme enthousiaste avait passé sa vie à ruser contre le corps, à essayer de le duper, à grand renfort de techniques et de stratagèmes, le forçant à se taire par bien des subterfuges. C'était là l'homme qu'il me fallait ! À peine avait-il aperçu ma plaie qu'il s'écria dans un sursaut : « Monsieur Krastev, cela ne peut pas cicatriser ! Il y a trop de poils ! » Alors, il se retira quelques minutes dans son arrière-cabinet, tapotant à bâtons rompus sur son illustre PC, et revint me présenter un protocole à faire pâlir les Soviétiques. Je devais avant tout raser la zone, à la main et au rayon laser, pour qu'il n'y reste plus un seul poil. Il m'avait aussi prescrit toutes sortes de désinfectants, d'agents filtrants et exfoliants, censés décourager toutes les bactéries de séjourner dans ma résidence fessière. En plus, je devais réaliser chaque jour un pansement complexe, fait d'un papier ultra-rare, et appliquer sur ma plaie du miel de Manuka, dont les vertus étaient apparemment miraculeuses. Refusant catégoriquement que je me refasse opérer, le Dr Triangle venait d'ouvrir une nouvelle porte : le combat allait reprendre.

Partie 6

Finir d'être triste

« Ça y est, ça se ferme ! »

Contre toute attente, le protocole du Dr Triangle n'a pas tardé à porter ses fruits. Centimètre par centimètre, grain à grain, j'ai commencé à me refermer. Après deux ans à vivre avec ma plaie, voilà que je faisais enfin peau neuve. Chaque matin, deux nouveaux infirmiers se relayaient pour venir faire mon pansement, et constataient tour à tour l'évolution favorable de mon gouffre. Pour mettre toutes les chances de mon côté, j'ingérais aussi des compléments alimentaires, des remèdes de grand-mère et toute substance censée favoriser la cicatrisation.

Et puis, un matin, Mathieu – mon infirmier – a ouvert la porte de ma vie d'après : « Ça y est, ça se ferme ! » Au début, je n'ai pas pu y croire. On m'avait déjà trop menti, et je n'avais plus le cœur aux faux espoirs. Mais une chose était sûre : j'étais sorti du pire, c'est-à-dire des infections profondes, de ces détestables abcès qui me grevaient la vie. C'était à présent sur l'épiderme que la dernière bataille se jouait. Là encore, la chose n'était pas aisée : la cicatrice, même fraîche et saine, restait fragile, et il m'est arrivé plusieurs fois de me déchirer, retardant de quelques semaines la fin de la cicatrisation. J'avais la peau plus fragile qu'une voile marine.

Aussi incrédule que moi, ma mère m'implora de patienter encore et de ne pas me relancer trop vite dans une de ces fuites en avant dont j'avais le secret. Il n'empêche que ça s'améliorait, cette histoire. Je le sentais chaque jour un peu plus : le bout n'était pas loin. Fort de ces bonnes nouvelles, je suis retourné voir M. Triangle, qui a tout de suite confirmé que la plaie était fermée, mais qu'elle restait extrêmement ténue, qu'il fallait qu'elle se consolide, qu'elle redevienne étanche aux assauts du monde. Je ne devais ni crier victoire, ni relâcher les efforts qui m'avaient amené si près du but.

Guérir, c'est comme un rhume : on ne saurait pas dire à quel moment ça commence. Après deux ans d'opérations bancales, d'errance, de désunions, deux ans passés à m'effondrer sur moi-même, dans un dangereux flirt avec la mort, j'étais en passe de cicatriser. Mes chairs avaient signé l'armistice. Elles acceptaient de me protéger du monde. J'allais pouvoir enterrer le malheur.

Le démon de la récidive

Les jours ont passé. Les semaines ont passé. Je ne rechutais pas. Ma peau s'était durcie, ma faille, refermée. Durant des mois, j'ai continué à être hanté par un sévère réseau d'obsessions. J'avais beau entendre les médecins crier victoire, je ne pouvais pas oublier mon calvaire. Je voyais partout l'ombre de la maladie. J'étais sûr qu'elle reviendrait, l'infâme, qu'elle referait parler d'elle. Alors, je la guettais, l'attendais au détour des rues : ma guérison ne pouvait être qu'une parenthèse. L'idée de la récidive était devenue ma plus fidèle amie, me suivant où que j'aille comme un joli fantôme.

D'abord, je refusais catégoriquement de recommencer à m'asseoir. Oubliant que j'avais fait tout cela pour me libérer d'une invalidité, je m'obligeais désormais à rester debout, pour ne surtout pas donner de mauvaises idées à mon pli capricieux. Toujours sur le flanc, et malgré mes tiraillements musculaires, je pensais ainsi conjurer le sort. J'avais aussi le démon de *voir* : pendant deux ans, j'avais été suspendu aux avis des infirmiers penchés sur mon derrière. Je n'avais pas prise sur ce qui me tuait. Alors j'avais fini par mettre au point une somme de techniques destinées à me contempler. Je me baladais partout avec un miroir de poche, histoire de vérifier, dans une contorsion dont j'ai le secret, que ma cicatrice était toujours close. Puis j'ai trouvé l'astuce suprême : l'iPhone. Dans le noir complet de ma salle de bains, je me penchais en avant, activais le flash de mon smartphone, et réalisais, en petit cinéaste, de courtes vidéos de mes fesses. Comme ça, j'y voyais clair. Au fil des semaines, j'ai entassé des centaines de courts-métrages de ma cicatrice, devenue la nouvelle star du cinéma pornographique. Infiniment rassurant, ce geste fou a viré à l'obsession. J'avais littéralement la tête dans le cul.

Ce démon de la récidive, je le portais en moi depuis le cancer. Une fois qu'on est tombé malade, que la vie vous a planté dans le dos ses épines de fer, on reste pour toujours aux aguets. C'est la fin des jours tranquilles. Perdre la santé : ne plus trouver nulle part où bien poser sa croûte.

Un soir sur deux, la nuit me torture encore. Et toujours de la même manière. Il y a du sang dans mes rêves. Le scénario est simple. Je suis dans ma salle de bains. Je passe une main sur ma cicatrice. Elle me revient pleine de sang. Je me penche, je m'ausculte. À califourchon, j'essaie de voir d'où je fuis. Autour de moi, toutes les fenêtres se brisent. Ma bibliothèque s'effondre. Mes yeux partent en balade. Le mal est de retour. La scène n'en finit pas de recommencer. Je dois prévenir ma mère. Réveillé en sueur, je me palpe pour de vrai. *Tutto va bene*. Je me rendors.

Mes rêves précipitent ce que je redoute. Je ne suis guéri que lorsqu'il fait jour. La nuit, je redeviens cet homme troué dont la vie ne tient qu'à un fil.

Dans la tête, une seule question : est-ce que ma plaie me manque ? Pendant près de sept cents jours, elle avait été l'unique centre de mon existence. Elle avait régi ma vie, régi mes pensées, régi la moindre de mes inquiétudes. Et s'en était allée, par une belle journée de mai, me laissant là un peu idiot, comme un amoureux en vacances. Ma blessure m'avait abandonné.

« *Ready for take off* »

« Mesdames et Messieurs, *Ladies and Gentlemen*, je suis Joseph, votre commandant de bord. Vous êtes installés à bord du vol n° 8607 à destination de Rome Fiumicino. Merci d'attacher vos ceintures et d'enlever vos écouteurs pour les consignes de sécurité. »

J'attache ma ceinture. J'enlève mes écouteurs. J'ai rarement été aussi heureux d'obéir. Je n'ai pas pris l'avion depuis deux ans et demi, depuis mon retour sanglant d'Italie et l'échec de mon exil. Cette fois-ci sera la bonne. J'ai confiance. Je suis assis sur mes deux fesses, et je n'ai pas peur.

J'en ai la certitude : Rome ne me rejettera pas. C'est que je lui ressemble, désormais. Je suis devenu comme elle. Un homme en ruine dans une ville en ruine. Il aura fallu que mon cœur se brise pour que l'Italie m'accueille.

Les moteurs se mettent en branle. « *Ready for take off* », grésille la voix du pilote. Mon dos se colle au siège. Vitesse maximale. L'avion décolle sans encombre. Je suis en route.

Jamais le bleu du ciel ne m'a été aussi favorable.

La vie sans fondement

J'ai commencé ce livre dans mon lit. Je le termine aujourd'hui à Rome. Sous le soleil d'Italie, je crois enfin une chose : tout est bien. J'ai guéri. Au détour d'une rue, j'ai retrouvé ma santé. Je suis revenu parmi vous, les vivants. Je suis un homme fragile, mais qu'on laisse en paix.

Tout cela n'aura finalement été qu'une histoire de patience : j'ai enfin appris à attendre. Par deux fois, j'ai touché le fond. J'en ai presque crevé. Mais l'essentiel est ailleurs. Il me reste du temps.

Je crois que je me suis trompé sur mon rêve d'enfant. L'écran blanc, c'était l'avenir qui m'ouvrait ses portes. C'était une vie entière, longue et immortelle, qu'il me revenait de bâtir, de peupler, de barbouiller de couleurs et de traits fulgurants. C'était une promesse. Rien n'était encore décidé. J'avais la terre à charmer et une grande toile à peindre. Tout est affaire de décor, disait l'autre. Comme il avait raison.

J'ai trop médit sur la médecine. Mais il y a tout un peuple sans lequel je ne serais plus : c'est celui des soignantes et des soignants, des infirmières et des infirmiers, des cuisiniers, des hommes et des femmes de chambre, des ambulanciers, des anesthésistes, à qui je donne une mention spéciale, des auxiliaires de vie, de tous ceux qui forment jour après jour le grand corps de l'hôpital public. Je leur dois la vie.

Dans ses *Essais*, Montaigne avoue sa difficulté à trouver une assise stable dans le chaos du monde, qu'il nomme *branloire pérenne*. La question qui hante les milliers de pages de son œuvre est finalement là : alors que tout s'agite, change, gigote, alors que les têtes tombent, que les trônes se succèdent, alors que rien ne dure, et que l'instabilité est la loi de toute chose, comment prendre place ? Cette posture idéale, toujours rêvée, jamais trouvée, c'est l'*assiette*. En français classique, l'assiette, c'est la façon dont le cavalier se tient sur sa monture. C'est la beauté d'un équilibre menacé par la chute, mais aussi garanti par la maîtrise du corps. Être ou ne pas être dans son assiette : c'est peut-être là l'enjeu de toute existence.

En perdant mon coccyx, mon centre, ma racine, j'avais été violemment propulsé hors de la mienne, d'assiette. Je n'avais plus de place fixe, et pas un canasson pour me laisser aller. Alors, j'ai vécu contre la montre, en courant le long des rails, homme pressé que personne n'attendait. Et telle est bien ma vie sans fondement : l'impossibilité d'une île, la précipitation à jouir de tout, partout, tout le temps, le sentiment aigu d'un retard sur la vie, sur les étoiles, sur l'univers, l'impression que mon existence va en se désagrégeant, que le temps abîme plus qu'il ne colore.

Longtemps, ce fut l'amour qui me servit de base. Je me suis perdu dans bien des corps, habitant dans des lits que je ne connaissais pas, me jetant tout entier dans des passions qui croquent. J'y allais *pleine balle*, comme on dit, soucieux seulement de disparaître dans un autre que moi, de fuir enfin ce maudit corps qui me collait à la peau. J'avais cru m'appuyer sur quelque chose de solide, d'infiniment solide. Mais prendre le cœur pour fondement, c'est se tromper encore. Car c'est un fil de rasoir. Une lame d'où on tombe, et n'arrête pas de tomber. Nous ne sommes pas bons funambules. Puis on a des trous partout. Et on prend les courants d'air.

J'ai fini par accepter de vivre sans fondement. J'ai renoncé à l'ancre, faisant de mon défaut une mince philosophie. Il faut aller : c'est bien là la vie d'un homme. Marcher à pas de loup dans la grande nuit du monde. Passer comme on le doit, sans trop faire d'histoires. Être pareil au vent, sublime et dérisoire. Il n'y a de fondement que dans la mort : ma terre à moi n'est pas faite pour s'asseoir.

J'ai fini d'être triste

Dans le fracas sans fin
de la vie raturée
Dans les confins des villes
et des matins de pluie

Je me lève voilà de mon plus grand naufrage
J'ai fini d'être triste
Et le crie à mourir

Je crie ce que je n'ai pas su écrire
Ce que les mots n'ont pas su dire
Mon impossible aux yeux du monde
Wagram ô Waterloo
Toutes mes mélatonines
Le chien errant qui aboie sous ma peau
Les grands manqués de l'âme
Sauvage et sans lendemain, c'est pour crier que j'ai vécu

Crier ce cœur de femme, tant de fois malhabile
Ce cœur en archipel qui sait toutes les îles,
Mon âme défaite comme un grand lit,
Revenu à présent de sa profonde nuit

Pendant bien trop de mois j'ai vécu sans fondement
Ma jeunesse traquée par la meute du mal
J'ai crû sur une blessure qui ne guérissait pas
Et j'ai vu de mes yeux la face gâchée du monde

Je suis prêt
Les trains du monde entier ne me rattraperont pas.

Adieu donc à ma lune et à toutes mes aurores
Je crie que je pars, et que je ne crierai plus

J'ai fini d'être triste.

Mise en pages :
Anne Offredo, Valravillon

Cet ouvrage a été achevé d'imprimer
en février 2025 dans les ateliers de
Normandie Roto Impression s.a.s.
61250 Lonrai (Orne)

N° d'imprimeur : 2500149
Dépôt légal : mars 2025
ISBN : 978-2-38482-220-1
Imprimé en France